# 从心开始
## 管理人员心理健康自助指南

高晶 / 著

中国人口与健康出版社
China Population and Health Publishing House
全国百佳图书出版单位

**图书在版编目（CIP）数据**

从心开始：管理人员心理健康自助指南/高晶著.
北京：中国人口与健康出版社，2025.4. — ISBN 978-7-5238-0585-5

Ⅰ.C931.3-051

中国国家版本馆 CIP 数据核字第 2025757F1D 号

## 从心开始——管理人员心理健康自助指南
CONG XIN KAISHI——GUANLI RENYUAN XINLI JIANKANG ZIZHU ZHINAN

高晶 著

| | |
|---|---|
| 责 任 编 辑 | 江　舒 |
| 责 任 设 计 | 侯　铮 |
| 责 任 印 制 | 王艳如　任伟英 |
| 出 版 发 行 | 中国人口与健康出版社 |
| 印　　　刷 | 涿州市荣升新创印刷有限公司 |
| 开　　　本 | 880 毫米 ×1230 毫米 1/32 |
| 印　　　张 | 6.5 |
| 字　　　数 | 129 千字 |
| 版　　　次 | 2025 年 4 月第 1 版 |
| 印　　　次 | 2025 年 4 月第 1 次印刷 |
| 书　　　号 | ISBN 978-7-5238-0585-5 |
| 定　　　价 | 49.80 元 |

| | |
|---|---|
| 微 信 ID | 中国人口与健康出版社 |
| 图 书 订 购 | 中国人口与健康出版社天猫旗舰店 |
| 新 浪 微 博 | @中国人口与健康出版社 |
| 电 子 信 箱 | rkcbs@126.com |
| 总编室电话 | （010）83519392　　发行部电话　（010）83557247 |
| 办公室电话 | （010）83519400　　网销部电话　（010）83530809 |
| 传　　　真 | （010）83519400 |
| 地　　　址 | 北京市海淀区交大东路甲 36 号 |
| 邮　　　编 | 100044 |

**版权所有・侵权必究**

如有印装问题，请与本社发行部联系调换（电话:15811070262）

# 序　言

习近平总书记在党的二十大报告中指出："重视心理健康和精神卫生。"这对新时代做好心理健康和精神卫生工作提出了明确要求。在党和政府的关怀下，社会各界对心理健康问题的重视程度不断提高。不论是对党政机关领导干部、各行各业管理人员、业务骨干来说，还是对奋斗在新时代社会主义建设一线的劳动者而言，心理健康都不仅关乎个人幸福，也深刻影响着团队绩效、决策质量以及事业的发展。个体是自身心理健康的第一责任人，应该成为每一个现代人的基础认知。

《从心开始——管理人员心理健康自助指南》正是基于这一时代背景和现实需求而编写的，旨在帮助管理者了解心理健康知识，掌握科学实用的心理调适方法。全书通过案例故事引入问题，以精准的心理学剖析揭示管理工作中的常见心理困境，并结合自我测评工具，帮助读者了解自身心理状态，提供切实可行的调整策略，使心理学知识不仅具有科学性，更富有现实指导意义。

当前，对企业管理人员心理健康的关注多停留在"危机干预"层面，而本书超越了负性心理问题管控视角，以"预防"与"赋能"为重点内容，不仅系统地梳理了管理人员常见心理压力源，还将临床心理学技术转化为管理者可自主操作的工具，将心理健康维护与领导力发展进行了有机融合。

随着2025—2027年被确定为"精神卫生服务年"，心理健康服务被纳入2025年全系统为民服务八件实事，心理健康知识普及一定会在党和政府的支持下"进机关、进学校、进企业"。在此背景之下，希望本书能成为广大管理人员的心理健康指南，帮助大家"从心开始"，以更积极的心态迎接新时代的机遇与挑战。

作为高晶大学期间的班主任和她职业生涯发展的见证者，当得知她即将出版这本《从心开始——管理人员心理健康自助指南》时，我非常高兴。在此，我想以教师和同行的双重身份向大家推荐本书：若您是管理人员，愿本书成为您防范职业倦怠的盾牌；若您是心理学同人，您将看到学科跨界应用的生动范例；而对我而言，本书更是一份令人骄傲的答卷——见证了一位学生如何用专业精神照亮他人的前行之路。

乔志宏

2025年4月

# 自　序

2025年，是国家"精神卫生服务年"启动的第一年，标志着我国心理健康事业迈向新的发展阶段。近年来，心理健康问题已成为社会各界广泛关注的重要议题。从高层决策到基层实践，从企业管理到个人成长，心理健康不仅关系到个体幸福，也直接影响组织效能与事业发展。作为心理学工作者，我深感心理健康知识科学普及的意义重大，尤其对在管理岗位上承担重任的管理人才来说，心理健康尤为重要。

本书正是在这样的时代背景下应运而生。领导干部、企事业单位管理人员、行业骨干以及社会主义建设一线的奋斗者，承担着推动社会进步和经济发展的重要责任。然而，在竞争激烈、任务繁重的工作岗位上，一些管理者长期处于高压之中，对自身心理健康状况不了解、不关注，甚至出现问题之后仍然讳疾忌医。心理问题如果不能得到及时的关注和干预，不仅影响个人的健康与幸福，也可能对决策质量、团队管理和组织发展造成影响。

本书从工作、人际与家庭三方面深入管理人员的常见心理困扰，介绍了职场常见心理问题的表现、影响、风险等知识，同时还附上了相关的心理自测题，方便读者进行自我评估，及时发现可能存在的心理问题。此外，书中还提供了简单易行的心理调节方法。无论是日常压力管理，还是面对重大挑战时的心理调适，本书都力求提供切实可行的建议，帮助管理者识别问题、了解自身，并学到适合自己的心理调节方式。

最后，在本书即将付梓之际，我要感谢中国人口与健康出版社对本书出版工作所做的大量工作，另外特别要对恩师乔志宏教授、贺海燕处长、刘竞主任、陈祉妍教授致以诚挚的谢意，感谢他们对本书内容创作给予的指导与帮助。

希望本书的出版，能对广大领导干部、管理人员、职场人士有所裨益，唤起大家对自身及团队成员心理健康的关注，推动形成更加积极、健康的工作与生活环境。让我们共同努力，从心出发，以更稳定的内核，更强大的内心来迎接未来的挑战，为社会的可持续发展贡献自己的力量。

高 晶

2025 年 4 月

# 目 录

本书使用说明 ································································ 001

## 第一篇
## 责任与担当

### 第一节　心上的痛，身体知道 ································ 016
一、心理咨询室里的故事
——睡不着的夜，烦透了的白天 ····················· 016
二、心理专家这样说 ················································ 017
三、自我评估与调节 ················································ 022
四、热点问题聚焦 ···················································· 029

### 第二节　永远不够好 ················································ 032
一、心理咨询室里的故事
——越努力越心酸 ············································ 032
二、心理专家这样说 ················································ 034
三、自我评估与调节 ················································ 041
四、热点问题聚焦 ···················································· 048

### 第三节　情绪坐上了过山车 ···································· 051
一、心理咨询室里的故事
——借酒消愁的背后 ········································ 051

二、心理专家这样说 053
　　三、自我评估与调节 057
　　四、热点问题聚焦 064
第四节　时间真能治愈一切吗 066
　　一、心理咨询室里的故事
　　　　——查不出的"心脏病" 066
　　二、心理专家这样说 067
　　三、自我评估与调节 072
　　四、热点问题聚焦 074
第五节　怎么见人，怎么见自己 076
　　一、心理咨询室里的故事
　　　　——莫名的口吃 076
　　二、心理专家这样说 077
　　三、自我评估与调节 079
　　四、热点问题聚焦 083
第六节　是"痛"还是"快" 086
　　一、心理咨询室里的故事
　　　　——越痛苦就越解脱 086
　　二、心理专家这样说 089
　　三、自我评估与调节 093
　　四、热点问题聚焦 097

## 第二篇
## 人际交往

**第一节 "真实"的妄想** ..........100
 一、心理咨询室里的故事
  ——到底中了什么"毒" ..........100
 二、心理专家这样说 ..........102
 三、自我评估与调节 ..........107
 四、热点问题聚焦 ..........110

**第二节 "严格要求"还是"精神控制"** ..........112
 一、心理咨询室里的故事
  ——绝望中求生 ..........112
 二、心理专家这样说 ..........114
 三、自我评估与调节 ..........119
 四、热点问题聚焦 ..........122

**第三节 抑郁可不是矫情** ..........124
 一、心理咨询室里的故事
  ——"玻璃罐"中的囚鸟 ..........124
 二、心理专家这样说 ..........126
 三、自我评估与调节 ..........131
 四、热点问题聚焦 ..........133

## 第四节　真病还是假病 .................................................. 136
一、心理咨询室里的故事
　　——领导眼中的透明人 ............................................ 136
二、心理专家这样说 ................................................... 138
三、自我评估与调节 ................................................... 141
四、热点问题聚焦 ...................................................... 144

## 第五节　竟然不敢想象病好了的那一天 .......................... 146
一、心理咨询室里的故事
　　——莫名其妙的晕倒 ............................................. 146
二、心理专家这样说 ................................................... 149
三、自我评估与调节 ................................................... 151
四、热点问题聚焦 ...................................................... 156

# 第三篇
# 家庭关系与生活

## 第一节　内疚成了新动力 ............................................. 160
一、心理咨询室里的故事
　　——婚外越火热，婚内越"和谐" .............................. 160
二、心理专家这样说 ................................................... 161
三、自我评估与调节 ................................................... 164
四、热点问题聚焦 ...................................................... 168

## 目录

**第二节 "吃"不回来的失控人生** ...... 170
　一、心理咨询室里的故事
　　——一口一口，吞噬生活 ...... 170
　二、心理专家这样说 ...... 173
　三、自我评估与调节 ...... 177
　四、热点问题聚焦 ...... 181
**第三节 无处不在的"预兆"** ...... 184
　一、心理咨询室里的故事
　　——下一秒会发生什么 ...... 184
　二、心理专家这样说 ...... 186
　三、自我评估与调节 ...... 191
　四、热点问题聚焦 ...... 195

# 本书使用说明

作为一本面向广大机关、企事业单位、社会团体中高层管理者、重要岗位技术骨干以及奋斗在一线的新时代社会主义建设者的心理自助科普，本书旨在深入其生活和工作，贴近这部分人群的真实内心，最终帮助大家找到问题、调适自己，提高幸福感，促进身心健康，更好地平衡工作和生活。然而术业有专攻，很多非心理学出身的读者对心理学相关的一些概念难免会有很多疑问。

为了帮助大家更好地理解本书、使用本书，在正文开始之前，编者先为大家汇总了一些热门问题，希望能对后续的阅读有所裨益。

**1. 优秀的人不会有心理困扰吗**

我们发现，越是优秀的、成功的、受人瞩目的人，遇到心理困扰需要求助时，往往更难开口。在别人眼里，我这么优秀，学业有成、工作业绩优秀、深受领导赏识，我怎么能焦虑呢，我怎么能有心理困扰呢？

心理困扰是很平常的事情，是大多数人在生命中的某个阶段都可能会经历的事情。再优秀的人，也是人。

所以，优秀的人有心理困扰的时候，可以试着放下自己的光环，不要为了自己的光环而委屈自己，让自己忍着，在人前演健康，在人后憋大病。身体健康和心理健康是人生最重要的两件事情，没有了这个基本面，一切都无从谈起。

**2."难以启齿"是难在哪儿**

其实心理困扰或者精神障碍带来的病耻感，并不是只出现在某些群体中。很多有着心理困扰或者精神障碍的人，往往会对自己的问题有着自知或不自知的害羞、愤怒和羞耻。

很多人认为心理困扰和精神障碍是一种软弱和无能的表现，认为自己应该能够自我控制和克服。这种认知导致了许多人不愿意寻求帮助或治疗，很多人甚至认为承认有问题并向人求助是一种失败和有缺陷的表现。除此之外，家人的认知对当事人的态度和决策也起着重要的作用。很多人担心家人对自己的问题感到愧疚和没面子，怕别人说是因为家人的行为或态度导致了自己的心理问题。这使得许多人饱受心理问题的折磨却难以启齿，甚至感到孤立和无助，害怕给家人增加压力。

另外，社会大众对这个领域也普遍感到神秘，甚至有点忌讳，对有精神疾患和心理困扰的人保持着敬而远之的态度。

在这些重重压力和担忧之下，许多人不得不迫使自己相信心理疾病可以通过强大的意志力和自我控制来克服，而忽视了心理治疗和药物治疗的重要性，对于心理治疗到底是怎么回事，药物治疗是否有效、是否有不良反应、不良反应是否可逆、是否会产生药物依赖，等等，都没有正确的认知，所以对于去求助、看病这件事，就会感觉压力巨大，从而选择讳疾忌医、得过且过。

**3. 咨询师又无法帮我解决现实问题，那心理咨询还有必要吗**

当我们遇到现实问题时，比如，工作上的困惑、情感中的纠葛、生活的压力，常常会想到去找亲友诉苦，甚至直接求助于各类"干货"技巧。可是，当有人提到心理咨询时，很多人又会有这样的疑问："咨询师又无法帮我解决现实问题，那心理咨询还有必要吗？"

这个问题很常见，也是许多人对心理咨询存在的一个误解。实际上，心理咨询的目的并不是直接帮你解决生活中的具体问题，而是帮助你找到应对这些问题的内在力量和方法。心理咨询究竟能带给你什么呢？

发现问题的"幕后黑手"。我们在生活中遇到的很多困扰，往往并非表面上看到的那么简单。就像冰山一样，现实中的问题只是露出水面的那一小部分，而真正的"根源"却隐藏在水下。心理咨询的作用之一，就是帮助你揭示这些潜在的根源。举个例子，你可能觉得自己总是因为工作压力大而失眠，但通过心理咨询，你可能会发现，真正让你焦虑的是对失败的恐惧，或是长期以来累积的自我价值感较低。这些深层次的问题，往往是我们自己难以察觉的，而心理咨询师则能通过专业的引导，帮助你看清这些"幕后黑手"。

赋予你解决问题的"钥匙"。心理咨询并不只是让你发现问题，还会帮助你找到解决问题的"钥匙"。这种"钥匙"不是那种一劳永逸的万能工具，而是帮助你在面对类似问题时，能够自如应对的内在资源。通过与咨询师的合作，你可能会学到如何调节情绪、如何更好地与人沟通、如何在面对挑战时保持冷静等一系列实用的心理技巧。这些能力不仅能帮助你解决当前的问题，还能在未来的生活中持续发挥作用。

重塑看待问题的视角。有时候，问题之所以让我们感到难以承受，可能是因为我们对它的看法。心理咨询能够帮助你换一个角度看待问题，从而减轻问题带来的压力。比如，当你面临重大选择时，你可能因为害怕做错决定而感到焦虑不安。在咨询师的引导下，你或许会发现，这种焦虑有可能源于对不确定性的恐惧，而通过改变看待不确定性的方式，你可以将其视为一种成长的机会，而不是一种威胁。如此一来，问题本身可能并没有变化，但你对待它的态度却发生了根本性的转变。

提供一个安全的情感"避风港"。生活中的很多问题，尤其是涉及情感、人际关系等方面的，往往无法在短时间内得到解决。在这个过程中，你可能需要一个可以倾诉、宣泄情感的空间，而心理咨询正是这样一个安全的"避风港"。在这里，你可以毫无保留地表达自己的感受，而不必担心被评判或误解。咨询师会尊重你的感受，并帮助你在情绪的波动中找到平衡。这种情感上的支持，往往能够给你带来继续前行的力量。

心理咨询并非直接为我们"消灭"现实问题，而是帮助我们发展出应对问题的心理韧性和智慧。它就像是为心灵提供了一套精密的工具，让我们在面对生活中的风雨时，更加从容和自信。心理咨询的意义，不仅在于解决眼前的困境，还在于提升我们应对未来挑战的能力。这也是为什么心理咨询值得被认真对待和理解的原因。

**4. 心理咨询、心理治疗和精神科治疗选哪个**

心理咨询是针对一般心理问题由心理咨询师开展的专业干预。心理治疗和精神科治疗主要在医院开展，是由心理治疗师和专业医生针对精神疾病的治疗。

一般来说，精神科医生能够对患者进行全面的精神健康评估和诊断，而且他们有权开具和管理精神药物，监控药物的效果和不良反应，调整药物方案，有时他们还可以进行某些医疗程序，如电休克疗法等。心理咨询师则主要通过各种心理治疗技术，如认知行为疗法、人本主义疗法、精神分析疗法等，帮助来访者解决情感、行为和生活困扰，提供支持和指导，促进心理健康和个人发展。他们也可以进行心理评估和测试，但通常不涉及药物管理。

精神科医生一般在医院工作，大家可以在三甲医院的精神科或者精神病专科医院找到精神科医生，而心理咨询师则可以在医院工作，也可以在社区、学校、专业的心理咨询机构等工作。如果不清楚如何找到优秀的心理咨询师，可以直接咨询专业的精神科医生。

精神科医生负责治疗精神疾病，如精神分裂症、双相情感障碍、重度抑郁症等；而心理咨询师则更擅长处理来访者的情感和行为问题，如焦虑、抑郁、压力管理、人际关系问题等。

精神治疗与心理治疗相辅相成。如果一个人的情绪痛苦程度很高，且长期无法自行缓解，影响正常的社会功能，如工作、学习、人际关系、家庭生活等方面，建议及时就医，先行精神科评估，如果符合某一类精神障碍的诊断标准，则应该遵医嘱接受精神科医生的治疗，包括必要的药物治疗，并在此基础上进行必要的心理咨询。精神科治疗和心理咨询可以互为补充，无法相互替代。

也有一些人的情况没有达到很严重的程度，也就是说精神症状没有给生活、工作、学习等带来太大的困扰，那么可以先选择心理咨询，帮助自己调整认知，改善情绪。如果在接受心理咨询一段时间后，心理状态几乎没有任何改善，或变得更差，则需要及时向咨询师反馈，考虑更换或寻求精神科诊治。

### 5. 心理咨询会导致个人信息外泄吗

很多人虽然想过要找心理咨询师聊聊心事，却因为担心自己的秘密会被泄露而迟迟不敢迈出这一步。事实上，心理咨询过程中的保密原则可以打消你的担忧。

保密原则，顾名思义，就是心理咨询师对你在咨询中透露的所有内容都要严格保密。这不仅仅是道德义务，更是法律规定。保密原则覆盖了多种形式的交流，包括面对面谈话、电话交流、邮件以及记录在案的资料。简单来说，就是你在咨询中的任何信息，心理咨询师都必须守口如瓶，没有你的同意，咨询师绝不会向任何人透露。

在第一次咨询前，咨询师会和你签订一份隐私协议，明确保密的范围和例外情况。这样，你可以清楚地知道自己的权益和咨询师的责任。

保密例外可能包括：

涉及当事人自伤自杀、他伤他杀，需要告知监护人或相关机构采取预防和保护措施的；涉及未成年人侵害、虐待等，需要告知监护人或相关机构采取预防和保护措施的；涉及法律取证等问题，需要依法部分披露相关内容给必要人员和部门的；在治疗需要时，治疗师可以与当事人的精神科医生进行与疾病治疗有关的必要交流等。

### 6. 如何选择合适的心理咨询师

选择一个合适的心理咨询师，是保障你隐私、达到咨询效果的重要一步。最省事的办法是直接去公立医院的精神科或精神病专科医院咨询医生。除此之外，你还可以通过以下几种方式了解咨询师的专业资质和可靠性。

查看资质。确认咨询师是否拥有合法的执业资质和专业认证。

了解保密政策。在初次咨询前，询问咨询师对保密政策和实施细则的了解情况。

阅读评价。通过查阅其他来访者的评价，了解咨询师的专业水平和保密原则的执行情况。

选择一个专业水平高、值得信赖的心理咨询师，可以确保我们在一个安全的、放松的环境中，探索和解决内心的问题，迈向心理健康的未来。

### 7. 首次治疗怎么开始

恰当的首次评估并初步建立良好的治疗关系是治疗开始的基本前提。

首次评估。评估是决定精神科及心理治疗如何开展必不可少的前提，决定了下一步采取的治疗方案。求助者需要首先接受的评估通常涉及：症状评估、风险评估、自我功能的评估、问题类型的评估、社会支持的评估、人格特点的评估等。

由于初次会谈时间有限，且求助者的状态也会随着治疗进展不断变化。因此，评估在很多时候不是一次性完成的，而是随着治疗的推进不断进行持续性的评估。

签订知情同意书。签订知情同意书是首次心理治疗中必不可少的环节，需要在治疗初始时签订，其内容包括对咨访双方的权责声明，要求咨访双方在咨询时间、频率、地点、付费方式、违规责任等方面达成一致并共同遵守。其中非常值得强调的是关于保密原则的确认，以及保密原则的例外情况。按照规范签订知情同意书，是后续咨询/治疗得以进行的重要前提，也可避免不必要的法律、伦理纠纷。

建立关系。无论是精神科治疗还是心理治疗，都需要与求助者建立良好、信任、安全的治疗关系。医生和治疗师需要为求助者提供安全的治疗环境和感受。这本身就是治疗起效的一部分。从求助者进入医院/诊室的那一刻起，治疗已经开始了。

在治疗初期，求助者与医生及心理治疗师彼此缺乏了解，求助者感到不安、担心被评价、怀疑医生/治疗师是否可靠，是否能理解并帮到自己，都是很正常的。一个好的医生/治疗师，会对求助者的不信任给予理解和接纳，用他们真诚的态度和专业性逐渐化解求助者初次来访的不安。求助者也要相信医生/治疗师的专业性，以及选择规范的机构或具有专业资质的治疗师。

只有求助者和医生/治疗师建立起基本的信任，治疗才能更顺利地进行下去。没有一个治疗是在求助者一直保持着极大的怀疑和不信任中起效的。这部分，也需要求助者自身的开放、勇气和努力。

确定治疗的终点与方法途径。心理治疗的终点是一个重要且复杂的决定，通常由医生/治疗师和求助者共同商定。这个决定基于多种因素，包括病情的进展、目标的实现、症状的缓解以及整体功能的改善等。在确定治疗目标时，需要考虑症状的缓解、功能的恢复、自我效能感的提升、治疗各阶段目标的实现情况、复发的预防等。但应该了解的是，世界上没有100%身心完美的人，因此也不存在一个放之四海而皆准的"康复"标准。

### 9. 怎样才算心理恢复了健康

世界卫生组织对心理健康的定义是："心理健康不仅是没有精神障碍或疾病，还包括个体能够认识到自己的潜力，能够应对日常生活中的正常压力，能够高效而富有成效地工作，并能够为社会作出贡献。"根据这个定义，心理健康的标准可以包括以下几个方面：

能够适当调节和表达情绪，不被情绪困扰或控制；通常能保持情绪的平衡，不会频繁经历极端的情绪波动；能够体验并保持积极的情绪，如快乐、满足和幸福。

对自己的情感、思维和行为有清晰的认识，能够理解自己的需求和动机；对自己有积极的看法，拥有适度的自尊和自信，能够接受自己的优点和缺点；面对挫折和压力时，能够保持坚强和冷静，有能力从逆境中恢复；能够进行有效的思考和决策，不受严重的困惑或迷茫困扰。

能够建立和维持健康的人际关系，包括家庭、朋友和同事之间的关系；能够积极参与社会活动，并从中获得满足感和成就感；能够有效地表达自己的想法和感受，理解他人的观点和情感。

能够适应环境变化和生活中的挑战，具备灵活性和适应性；能够有效地管理自己的时间、精力和资源，保持良好的生活习惯；保持身体健康，通过适度的运动、均衡的饮食和充足的休息来支持心理健康。

能够找到生活的目的和意义，感受到人生的价值；拥有明确的道德和伦理观念，行为符合社会和个人的价值观；对生活整体感到满意，拥有积极的生活态度；能够有效应对生活中的压力和挑战，不轻易被打垮；在面对逆境时，能够迅速恢复和重新振作。

可见，心理健康是一个多维度的概念，涵盖了情感、心理、社会和行为等多个方面的良好状态。只要能够保持惯常的自我，能够应对日常生活中的正常压力，能够高效而富有成效地工作，基本上就是恢复健康了，不必追求极致的心理健康。

## 10. "自助"能治愈心病吗

在面对心理困扰时，很多人会选择通过阅读心理学书籍来寻求自我帮助，期望能够通过这种方式"治愈"自己。的确，心理学书籍确实能够提供宝贵的知识和技巧，但可能仍然无法替代专业的心理咨询。

首先，心理学书籍局限性在于缺乏个性化的指导。每个人的心理问题都有其独特的背景和复杂性，书籍所提供的知识往往是普遍适用的，而非针对个体的特殊情况。心理咨询师只有通过与来访者的互动，才能深入了解其心理状态、生活经历和情感需求，从而提供更具针对性的建议和治疗方案。特别是对于有些严重或复杂的心理问题，书中的建议可能不足以应对，甚至可能导致问题恶化。例如，强迫症、重度抑郁症或创伤后应激障碍等问题，需要在专业咨询师的指导下进行系统的治疗，否则可能会错过最佳的治疗时机，导致问题进一步恶化。

其次，心理问题往往涉及深层次的情感和行为模式，单靠知识的积累很难自我突破。即使我们能够通过阅读获得应对技巧，但在实际应用中，常常因为情绪的波动或旧有思维模式的干扰而难以有效执行。心理咨询不仅能提供知识和看问题的新角度，还能帮助来访者在安全、有支持的环境中进行自我探索，逐步改变行为模式和认知方式。这种支持和引导是书籍无法提供的。

最后，心理问题的解决往往需要一个持续的过程。心理咨询提供了一个持续的、循序渐进的支持系统，咨询师能够帮助来访者监测和调整他们的疾病进展情况，提供及时的反馈和调整策略。而"自助"阅读往往缺乏这种持久的支持，来访者在遇到困难时可能缺乏动力或能力继续执行书中的建议，最终不得不放弃。

不过，虽然大多数心理自助类图书难以涵盖千差万别的人的特异性，实用功能有限，但面向特定人群的心理自助类图书相对来说更有针对性，也更有价值，更有可操作性。

本书融汇提炼了管理者、重要岗位骨干、工作压力较大的这部分人群的工作与生活，围绕其在高压力、快节奏环境下可能遇到的诸如决策压力、人际关系、角色冲突和自我调适等问题展开心理学科普。为了让读者更好地了解自身,本书还提供了自测题(本书所有自测题均仅供个人参考,不代表专业诊断。如果发现自己有明显身心问题,建议咨询心理咨询师或去医疗机构就诊)帮助读者评估自身心理状态,并给出了简明具体的自我调整指南。

希望本书不仅能引导广大读者初步了解有关心理健康的关键知识,也能成为其调适心理、提升自我的重要工具,以更好更强的身心状态建功新时代、创造新业绩。

第一篇
# 责任与担当

## 第一节 心上的痛，身体知道

### 一、心理咨询室里的故事——睡不着的夜，烦透了的白天

"我最近这一年，也不知是怎么了，总是睡眠很差。入睡困难、睡得浅，好不容易睡着，却老是做噩梦。后来我临睡前都吃安眠药，之后睡觉的问题是改善一些了，但这做噩梦还是照旧。我想着，医生也治不了做梦啊，再加上朋友的推荐，就来找您了。"一走进心理咨询室，这位企业领导就开门见山地说。

"噩梦是关于什么的？愿意分享一下吗？"

"各种各样，但基本上都围绕工作这个主题，比如，梦见巡视组的领导突然找我，梦见一个很重要的会议我居然看见讲稿上有明显的错误和问题……醒来心脏就经常不舒服。"

"睡眠的问题会对白天的工作、生活有影响吗？"

"影响还挺大的。白天人经常发蒙，记忆力奇差，而且还心神不宁，总感觉随时会出什么事似的。导致我每次签字都会想逐字逐句看看文件的内容，改了又改还是不放心，毕竟最终责任人是我，尤其是关系到重大金额或重要政策的文件，我就觉得更要谨慎。每一句话，每一个条款都想问问这

是怎么来的，有什么出处。

"每一件事情，我现在宁可步子小点，速度慢点……因为每一个细节我都会来来回回地想几十遍、上百遍，我就担心下面的人不能执行到位，出问题。不管下属来汇报多少次，我都总觉得他们报喜不报忧、数据有水分，然后我就恨不得凡事都亲力亲为……"

## 二、心理专家这样说

"入睡困难、睡得浅，好不容易睡着，却老是做噩梦……"

### 1. 心理问题是会躯体化的

心理咨询师前前后后跟这位来访者进行了几次会面，判断他应该是因焦虑而引发了一系列躯体化症状。

我们每个人都可能对未来事件的不确定性存在或多或少的担忧和紧张，从而产生焦虑。焦虑并不罕见，它是人类在面对潜在威胁或压力时的一种正常反应，对我们的心理具有保护性功能，但当这种反应过度或持续时间过长，就可能发展为焦虑障碍，影响我们的日常生活和社会功能。心身是一体的，焦虑情绪如果长期、持续存在，就有可能在身体上产生一系列的不良影响。这就是心理问题的躯体化。

### 2. 焦虑不只是"想太多"这么简单

在心理学上，焦虑是一种复杂的情感状态，通常表现为对未来事件的担忧和恐惧。焦虑可以是正常的生理反应，例如在面对真实的威胁或挑战时，但当它变得过度、持久并且无关现实威胁时，就可能成为焦虑障碍。

焦虑障碍是一种常见的心理健康问题，表现为持续的、过度的担忧和恐惧，会影响个体的日常生活和社会功能。常见的焦虑障碍包括广泛性焦虑障碍、惊恐障碍、社交焦虑障碍、强迫症以及创伤后应激障碍。

焦虑可引起心悸、出汗、颤抖、消化不良，甚至呼吸困难等。不仅如此，焦虑还会改变人的行为模式，比如，让人产生回避行为、过度警觉、难以集中注意力等，也会改变人的认知状况，如灾难化思维，即对事情倾向于做出最坏的预期，或者因过度担忧细节而看不到事情的整体等。

一般来说，对各种日常生活事件表现出过度担忧，持续时间至少六个月，且难以自控，就很有可能是广泛性焦虑。对此，心理咨询师建议这位来访者可以先去找精神科医生聊聊，看看是否能在药物的帮助下控制和缓解躯体与精神上的一些不适。

### 3. 睡眠障碍也许跟你想的不一样

"后来我临睡前都吃安眠药，之后睡觉的问题是改善一些了，但这做噩梦还是照旧。"

睡眠障碍是指个体在入睡、保持睡眠或是获得优质睡眠方面出现持续的困难。这些障碍可能会显著影响一个人的日常生活、工作效率以及整体心理健康。

很多人以为只有"睡不着"才叫作睡眠障碍。其实，失眠虽然是最常见的睡眠障碍之一，但睡眠障碍的范围远不止于此。睡眠障碍涵盖了任何影响睡眠质量、睡眠时长、睡眠规律或导致异常行为的状况。睡眠障碍包括以下这些问题：

**失眠。**难以入睡、保持睡眠困难或早醒，导致白天疲倦、易怒、注意力不集中等问题。

**嗜睡。**过度的白天嗜睡，即使夜间睡眠充足，白天仍感到困倦，甚至可能在不适当的时间和地点（如工作或驾车时）突然入睡，严重影响日常生活和安全。

**睡眠呼吸暂停综合征。**睡眠时会反复出现呼吸暂停或呼吸变浅，会因憋气而醒来，导致睡眠不安和白天过度嗜睡。

**昼夜节律睡眠障碍。**睡眠—觉醒周期与社会或环境昼夜节律不一致，比如，倒时差、白班与夜班交换导致的睡眠障碍，以及睡眠时相延迟综合征（在昼夜周期中，主睡眠时间段比传统作息时间显著后移）。

**快速眼动睡眠行为障碍。**在快速眼动睡眠阶段表现出异常行为，如在梦中喊叫、踢打、拳打脚踢等。这些行为常常与梦境内容相关，可能导致自我伤害或伤害他人。

其他睡眠障碍还有梦游症、夜惊症等。可见，睡眠中的很多问题都属于睡眠障碍，不仅仅是"睡不着"这一种表现。

### 4."习得性无助"和"皮格马利翁效应"

"我就担心下面的人不能执行到位,出问题。不管下属来汇报多少次,我都总觉得他们报喜不报忧、数据有水分,然后我就恨不得凡事都亲力亲为……"

这番话,隐含了这位来访者对下属的不信任,而这种不信任会降低人的斗志,从而降低下属的工作质量,使下属和团队陷入"习得性无助"的泥潭。

习得性无助,描述了个体在经历了反复无法控制的负面回馈后,产生的一种无助和被动感,即使在后面的情境中有可能改变或避免负面事件时,个体也不再尝试采取行动了。习得性无助有以下特点:

**一是缺乏动机**。是指一个人在面对问题或挑战时,丧失了尝试和解决的动力,甚至有解决问题的方法也不愿意去尝试。

**二是认知错位**。是指一个人对其自身能力总是持负面评价,总认为自己无力改变现状,导致其内心深处对成功的渴望下降。

**三是不良情绪**。是指持续的负面情绪,如抑郁、焦虑和绝望等,使一个人感觉被困在了负面情绪中,难以摆脱。

心理学中,还有一种效应,叫作"**皮格马利翁效应**"。

皮格马利翁效应,又称罗森塔尔效应,是指一个人在受到他人的正面期望的影响时,各方面能力都会有所提高的一种心理现象。

皮格马利翁效应反映的，就是期望的力量，以及自我实现的预言。管理者在对下属和团队施加影响时，不妨侧重以下三点：

**认知**。影响下属和团队的自我认知和自我效能感，使他们相信自己能够实现目标，从而更加努力。

**情感**。用积极的期望带来的情感支持和鼓励，提升下属和团队的情绪状态，使他们更加自信和积极。

**行为**。通过更多的关注、指导和支持，来直接影响下属和团队的表现。如细化目标、定期听取汇报、规定汇报内容、多部门信息交叉认证等，并且在他人做得好时及时给予正面回馈，以鼓励并建立其行为模式。

### 5.焦虑的扩散和传递

如果你感觉到自己正在遭遇焦虑障碍，一定要积极调节、寻求专业支持，不能自己一个人扛着。同时，防止在意识不到的地方将自己的焦虑、怀疑等传导给下属、团队，从而使身边的其他人深陷"习得性无助"的泥潭。

试想，如果一个下属再怎么努力，仍然得不到信任、肯定的话，就会很容易"习得性无助"，逐渐"躺平"。时间久了，领导也会越来越累，因为没有人愿意和不信任自己的人共事。

## 三、自我评估与调节

### 1. 焦虑自测

请根据您在过去一个月的体验回答以下问题,每题选择最符合您情况的答案。

从不(0分) 极少(1分) 有时候(2分) 经常(3分) 总是(4分)

(1)您在日常生活中感到紧张或担忧的频率是_____?

(2)您是否感到难以放松,即使在休息时也会感到紧张?

(3)您是否会因无法控制的担忧而感到难以集中注意力?

(4)您是否经常出现心跳加速、出汗或手颤抖等生理症状?

(5)您是否常因担忧或焦虑而影响到日常活动,如工作或社交?

(6)您是否感到焦虑影响了您的睡眠质量(如难以入睡、夜间觉醒等)?

(7)您是否对未来感到过度担忧,常常担心最坏的情况?

评分标准与解读

将所有问题的得分相加,得出您的总分(总分范围为

0～28分）。

0～7分：焦虑水平低，可能没有明显的焦虑问题。

8～14分：轻度焦虑，可能会有一些焦虑症状，但通常能够应对。

15～21分：中度焦虑，焦虑症状较明显，可能影响日常生活和社会功能。

22～28分：重度焦虑，焦虑症状严重，建议寻求专业心理咨询或治疗。

## 2.睡眠障碍程度自测

请根据您在过去一个月的体验回答以下问题，每题选择最符合您的情况的答案。

（1）您感到入睡困难的频率是_____？
- 从不［0分］
- 偶尔［1分］
- 有时［2分］
- 经常［3分］
- 总是［4分］

（2）您在夜间醒来并且难以再次入睡的频率是_____？
- 从不［0分］
- 偶尔［1分］
- 有时［2分］
- 经常［3分］

- 总是［4分］

（3）您通常比计划的起床时间早醒，并难以再次入睡的频率是＿＿＿？

- 从不［0分］
- 偶尔［1分］
- 有时［2分］
- 经常［3分］
- 总是［4分］

（4）您对自己睡眠质量的满意程度是＿＿＿？

- 非常满意［0分］
- 比较满意［1分］
- 一般［2分］
- 比较不满意［3分］
- 非常不满意［4分］

（5）失眠对您的日常生活（工作、家庭、社交等）影响有多大？

- 无影响［0分］
- 轻微影响［1分］
- 中等影响［2分］
- 严重影响［3分］
- 极大影响［4分］

（6）失眠对您白天的情绪、精力或注意力的影响有多大？

- 无影响［0分］
- 轻微影响［1分］
- 中等影响［2分］
- 严重影响［3分］
- 极大影响［4分］

（7）您对目前失眠问题的担忧或困扰程度是_____？
- 完全不担忧［0分］
- 稍微担忧［1分］
- 一般担忧［2分］
- 非常担忧［3分］
- 极度担忧［4分］

评分标准与解读

将所有问题的得分相加，得出您的总分（总分范围为0～28分）。

0～7分：无临床意义的睡眠障碍。

8～14分：轻度睡眠障碍。

15～21分：中度睡眠障碍。

22～28分：重度睡眠障碍。

### 3. 渐进式肌肉放松练习

有焦虑障碍或常受到焦虑心理影响的人，可以有意识地调整自己生活与工作中的思维方式并积极进行身体锻炼和放松练习，如深呼吸、渐进式肌肉放松、冥想、有氧运动、瑜伽和太极等等。

下面我们介绍一个简单的放松训练：渐进式肌肉放松，在焦虑的时候可以自己试着做一做。

渐进式肌肉放松是一种培养自己对身体和情绪进行觉察、调整的练习。

渐进式肌肉放松之所以能缓解焦虑，是因为它通过身体与心灵的连接，让我们在紧张的状态中用科学而行之有效的方法来让自己归于平静。焦虑的时候，身体就像一张拉得过紧的弓，每一块肌肉都在不自觉地绷紧，而我们自己往往意识不到。渐进式肌肉放松的作用，就是让你学会感知这种紧张，并通过主动地放松肌肉，告诉自己的身体："你可以停下来了，一切都没那么糟糕。"

当你慢慢收紧和放松每一组肌肉，身体会从那种"战斗或逃跑"的模式中退出，进入一种更自然的节奏。这其实是因为你的副交感神经开始发挥作用，它是身体的"刹车系统"，帮助你减缓心跳、放松呼吸，让整个人慢慢平静下来。

同时，这种练习还有一个特别之处，就是把你的注意力从混乱的思绪中拉回来，带到当下。焦虑的时候，我们的脑袋里总是充满了"如果……怎么办"的念头，想着未来的风险或过去的错误。但在做肌肉放松时，你会全神贯注地感受脚趾的弯曲、肩膀的下沉或者脸颊的松弛。这种对身体的关注，会让你暂时忘记那些令人抓狂的念头，让你活在此刻，感受到当下的真实。

更重要的是，渐进式肌肉放松法不只是一次性缓解焦虑的工具，还是一种训练。每练习一次，你可能就会更敏感地觉察到自己的身体状态。渐渐地，你会发现，即使在焦虑的高峰期，你也能用这套方法有效地让自己慢下来。它像是一根缓缓延伸的绳索，当你在焦虑的深渊中挣扎时，它能把你一步步拉回地面，帮你找回掌控感和安全感。

**渐进式肌肉放松的具体做法如下：**

找一个安静的地方坐下或躺下，确保你不会被打扰。调整呼吸，慢慢地吸气，然后缓缓地呼气，尽量让自己进入一个平静的状态。

从身体的某一端开始，通常是从脚部或头部开始。假如从脚开始，你可以集中注意力在双脚上。先将脚趾尽可能地蜷曲起来，用力紧绷大约 5 秒钟，然后突然放松，让它们恢复自然状态。感受肌肉从紧绷到放松的对比，这种对比能够让你的注意力回归到当下，也能帮助你了解什么是真正的放松。

接下来，将这种紧绷和放松的过程依次应用到小腿、大腿、腹部、手臂、肩膀和面部的肌肉上。比如，当你紧绷肩膀时，可以耸起肩膀靠近耳朵，同样保持 5 秒钟，然后松开。每次放松后，花几秒钟体会肌肉的舒适感。

整个过程要专注于感觉，不要为了完成而完成，慢慢地让自己关注到身体每一个部位的感受。如果焦虑的情绪比较强烈，你可以重复几个部位的练习，或者增加一些深呼吸的配合。吸气时想象把新鲜的能量吸入体内，呼气时将焦虑和疲惫慢慢排出。

完成一轮后，你可能会发现身体的紧张有所缓解，内心也变得平静一些。

这个方法非常简单，适合在任何时候使用，如睡前或工作压力大的时候。坚持练习会让你更容易识别身体的紧张信号，从而更容易在焦虑刚刚出现时进行干预。

**4. 睡眠障碍的自我调适方法**

睡眠障碍的确诊需要在正规医院进行，并应在医生的专业指导下进行规范治疗。

> 在规范治疗之余，改善睡眠障碍可以从心理、行为和环境等多个方面入手。

建立良好的睡眠习惯。固定睡眠和起床时间，即使在周末、假期也应尽量和平时保持一致。这有助于稳定体内生物钟，改善入睡困难。试着让自己建立一套"睡前仪式"，如泡脚、喝一杯热牛奶、打开加湿器、换上舒适的睡衣、戴上眼罩等。目的是使自己的身心有充分的时间和准备，使其进入"我要休息了"的状态，而不是躺在床上玩手机、想心事，入睡时间无限拖延之后寄希望于恍惚睡去。

**改善睡眠环境**。确保卧室环境舒适，包括温度适宜、光线柔和、安静无噪声。如果环境不佳，可以使用耳塞、眼罩等工具。床铺舒适也很重要，选择适合自己的枕头和床垫，并且枕头、床垫要每隔一段时间检查一次是否有塌陷、板结等现象，否则不舒服的卧具也会导致越睡越累、腰酸背痛等现象，最终影响睡眠质量。

**调整日常生活习惯**。白天进行适度的体育锻炼，但避免睡前两小时内进行剧烈运动。避免在下午和晚间摄入咖啡因、尼古丁等刺激性物质，这些物质可能会延长入睡时间或影响睡眠质量。限制酒精摄入，尽管酒精可能会让人产生困倦，但它会干扰睡眠结构，导致夜间易醒。

**合理饮食**。避免在临近睡觉前吃大餐或喝大量液体，避免因消化不良或夜间频繁上厕所而影响睡眠。吃一些含有色氨酸的食物，如牛奶、鸡肉、香蕉，有助于身体产生能促进睡眠的褪黑素。

## 四、热点问题聚焦

### 1. "褪黑素"有没有用，有没有害

褪黑素是一种由人体松果体分泌的激素，主要用于调节我们的睡眠—觉醒周期。从科学角度来看，褪黑素确实能在一定程度上帮助缓解睡眠问题，尤其是当你正在倒时差、生物钟被打乱时，适量补充褪黑素可以帮助身体更快适应新

的昼夜节律。此外，对于一些因为年龄增长或其他原因导致褪黑素分泌减少的人群，合理使用褪黑素可能会改善睡眠质量。

然而，服用褪黑素也不是没有不良反应。如果长期或者过量服用，可能干扰人体自身的褪黑素分泌，形成依赖性。此外，有些人在服用后可能会感到头痛、恶心或者白天嗜睡，少数人还会出现情绪波动甚至焦虑。特别是对于那些正在服用抗抑郁药、降压药或免疫抑制剂的人来说，褪黑素可能会与这些药物发生相互作用，从而影响药效或引发不良反应。

因此，吃褪黑素需要格外谨慎，最好在医生的指导下进行，不要自行服用。

**2. 长期靠"安眠药"入睡，会不会形成依赖**

安眠药有很多种，一定要在医生的指导下使用。很多人在一些特殊时刻，如手术后、经历重大事件时，通过服用安眠药来帮助入睡，一些长期处于高风险、高压力环境的专业人士也经常向医生咨询是否能长期服用安眠药助眠。

的确，安眠药在缓解失眠症状时往往能给人"惊喜"，然而，当安眠药被频繁或长期使用时，我们的身体就可能会逐渐对药物产生耐受性。也就是说，最初的剂量可能慢慢就不够了，需要增加剂量才能达到同样的效果。这种现象是依赖形成的重要表现之一。

长期服用安眠药另一方面的风险是心理依赖。当我们习惯了依赖药物来入睡时，可能会丧失对自然睡眠能力的信心。一旦尝试停药，就会感到焦虑，甚至出现更严重的失眠。这种反弹性失眠又会促使我们回到药物的使用中，导致恶性循环。

此外，长期服用某些类型的安眠药还可能对记忆力、注意力和反应能力造成影响，尤其是在老年人群中，更需要谨慎对待。更复杂的情况是，如果我们正在服用其他药物或者有基础疾病，安眠药可能会与其他药物发生相互作用，增加健康风险。

所以说，一定要在医生的专业指导下谨慎使用安眠药。

## 第二节 永远不够好

### 一、心理咨询室里的故事 ——越努力越心酸

谈到工作和生活的平衡，刚刚升职的蒋主任重重地叹了口气，那对黑眼圈像两个深深的旋涡，嵌在他的眼眶中，无声地诉说着这段日子的疲惫和沉重。

"每天早上一来到办公室，我就开始处理邮件和项目文件，可即使晚上和周末经常加班，工作却怎么也做不完，总是无法达到我理想的效果。我已经很长一段时间完全没有属于自己的时间了，为了保证完成任务，我推掉了很多和亲友的活动，和家人、朋友的关系似乎也越来越疏离。

"不论上班还是在家，一想到还没有完成的工作，我就开始担心自己不能在规定时间内完成、不能达到我预期的目标，整个人就开始变得紧绷、焦虑，严重的时候甚至手心出汗、心跳加速、喘不过气。晚上入睡时也很容易因为想着工作的事情失眠、做梦，睡眠质量也无法得到保证。

"我开始无法享受简单的娱乐活动，渐渐变得不敢放松，我担心一旦我放松得太久，工作就会堆积如山。由于长时间

没有进行体育锻炼,我的身体也开始出现问题。我开始频繁地感冒、头痛、失眠。"

咨询师适时地问了一个问题:"您是一直都这样,还是有了什么改变之后才有的呢?"

蒋主任苦笑了一下。"说实话,其实我以前应付工作还是比较从容的,但是去年新领导来了,我也升了职,然后考核压力、任免压力……各种压力骤然上升!"

于是,他似乎陷入了一个恶性循环,他越是努力工作,越是感觉筋疲力尽,工作效率下降。这种无休止的忙碌让他更加无法休息,身体和心理的压力不断累积。

"但除了努力我还能怎么样呢?多少人看着,还有上级的信任和重托呢……"

"您最怕出现的情况是什么?有没有具体的?"

蒋主任认真思考了一会儿,说:"我最怕辜负领导的信任吧。这位新领导对我以往的工作评价很高,这次升职前,对我说过一句最打动我的话,他说我是个靠谱的人、懂行的人,交给我一定没错。"

"这也正是您对自己的评价吧?"

"说得太对了!我工作这么多年,说白了我追求的就是这个。所以我就更不能有瑕疵了,要知道,新领导也是个懂行的人啊……"

## 二、心理专家这样说

### 1. 我是谁，我要什么

从原有的职位到了更高的管理层，这给蒋主任带来了新的责任和压力。新的工作环境和考核标准让他感到难以适应。这种压力不仅源于工作量的增加，还包括对自我表现的高要求和对不能达到领导期望的担忧。

蒋主任的焦虑症状，如手心出汗、心跳加速、睡眠障碍等，说明他处于严重的紧张状态。这种过度的焦虑与对工作的过分投入形成了恶性循环：他越是担心未完成的任务，越是难以有效地放松和投入，进而导致工作效率下降和身心健康的进一步恶化。

长时间高强度的工作负荷使蒋主任几乎没有了个人时间，导致了与家人和朋友的关系疏离，进一步加剧了他的孤立感和焦虑。他工作与生活的平衡被打破，不仅影响了他的情感健康，也对身体健康造成了负面影响，如频繁感冒、头痛等。

蒋主任对自己的评价与新领导的期望高度一致，说明他将工作表现与自我价值紧密绑定。这种完美主义倾向使他对自身要求极高，一旦未能达到预期目标，就会感到自责和焦虑。这种对自身表现的苛刻要求，可能源于对自身价值的深层次怀疑和对成功的强烈渴望。

## 2. 设定现实目标，远离过度的完美主义

"每天早上一来到办公室，我就开始处理邮件和项目文件，可即使晚上和周末经常加班，工作却怎么也做不完，总是无法达到我理想的效果。"

即使投入了这么多的时间、精力，蒋主任还是觉得工作达不到自己满意的效果，这时候就需要思考一下自己是否存在过度完美主义的倾向。

完美主义是一种**追求极高标准**和**完美表现**的倾向。完美主义者通常具有以下几种心理特点。

**高标准与自我认可焦虑**。他们对自己和他人的要求非常高，追求尽善尽美，认为自己的价值与成就紧密联系在一起，认为只有达到完美才会得到认可和尊重。为此，他们不断追求完美，同时也不断感到焦虑，承受着巨大的压力，担心不能达到自己的高标准，无法获得认可和尊重。

**自我批评与低容错率**。他们对自己的批评往往很严厉。很小的错误都会引起他们的自责和不满。而且他们对失败有较大的恐惧，常常担心如果不能达到预期目标会有这样那样的后果，并可能会在内心渲染和夸大这些后果。

**追求控制**。他们往往倾向于掌控一切，从而认为凡事只有自己才能做到最好，因此常常不放心把任务交给别人。而且他们对细节有极大的关注，甚至会为一些微小的细节耗费大量时间和精力。

**拖延**。为了避免不完美的结果，他们有时会推迟开始或

拖延任务，以避免面对可能的不完美和自己无法承受的后果。

完美主义特质是如何形成的呢？

心理学认为，完美主义的心理成因通常是多方面的，既包括个人的内部因素，也包括外部的环境影响。内部因素主要是个人性格原因。有人天生的性格特质使其容易发展成为完美主义者。这样的人如果遇到合适的外部因素，就更容易促成其完美主义的形成。比如，父母或家庭成员对孩子的高标准严要求，经常对其进行过度批评和惩罚；所处的教育和成长环境高度重视成功和成就，常常与他人进行比较、排名等；一些创伤经历，如被忽视或虐待，也可能会让个体通过追求完美来寻求控制和安全感。

那么，追求完美主义就一定是一件坏事吗？追求完美的人难道就注定要内耗到底、一事无成吗？

在心理学领域，研究人员进一步将完美主义者细分为两大类型：**积极性完美主义者和消极性完美主义者**。

积极性完美主义者，由于能够设定合理的目标并逐步实现，由此获得的成功感和满足感会有助于其保持积极的心理状态。积极性完美主义者也能够在追求卓越和保持心理健康之间找到平衡，避免极端的自我批评和焦虑。

消极性完美主义者，亦称为评价关注型完美主义者，表现为个体设定不切实际的高标准，同时伴随苛刻的自我评估、对不完美的负面反应及对他人批评和期望的过度关注。蒋主任就属于消极性完美主义者。

有消极性完美主义倾向的个体不仅要求自己达到高标准，而且这些高标准还不容许有任何的瑕疵或错误。他们常常对失败有极度的恐惧，认为任何细微的错误都可能是致命的。他们设定的目标和标准往往是现实中常人难以企及的，因此很容易陷入一种不断追求更高、更好的状态，而忽视了现实生活中的实际情况和自身的限度。

已有研究表明，过度的完美主义，特别是消极性完美主义（消极性完美主义可以理解为过度完美主义长期得不到控制与改善，对个体的情绪、行为甚至身心产生一系列后，发展而成），与个体的焦虑情绪、抑郁、睡眠障碍等心理问题密切相关，严重时会带来一系列躯体化症状，如睡眠障碍、腰背慢性疼痛、食欲下降、消化问题、免疫力下降、高血压、心脏病、激素水平变化、头痛、皮肤问题等。

**3. 避免陷入微观管理**

许多管理者都有这样一种困扰：他们总是担心下属会出错，因而事必躬亲，把所有工作都揽在自己身上。这种行为不仅让自己疲惫不堪，还可能导致情绪耗竭，最终难以完成工作。这种现象在心理学中被称为"微观管理"。

微观管理是指上级过于细致和严格地监控和控制下级的工作细节，干涉其工作过程，导致下属缺乏自主性和创造性。微观管理的特点包括过度干涉、缺乏信任、细节执拗、要求高频反馈等。

**微观管理是完美主义者尤其要注意避免出现的问题，因**

其可能会对以自己为核心的部门、事业产生一系列不良影响。比如，会让基层办事人员感到不受信任和不被尊重，从而使大家的士气变得低落；还会分散上下级之间的注意力，使大家在不知不觉中忽略对整体目标和意义的关注，从而降低整体的工作效率和质量；还会导致自主性和创造性下降，最终带来创新能力下降；长期的微观管理还会导致人心浮动，增加团队的不稳定性。

从心理学上看，完美主义者更容易陷入微观管理的怪圈。其内在原因大致可以归结为"过度控制倾向"和"自我效能感不足"。担心下属出错，反映了管理者对他人能力的不信任和对失去控制的恐惧。长此以往，必然导致管理者的心理压力越来越大，最终走向情绪耗竭。

有完美主义倾向的人应该怎样避免对下属和工作进行微观管理呢？

**为他人授权。**很多管理者没有意识到授权的重要性，总认为自己做得更快、更好，自己完成工作能省去和下属沟通的时间成本。然而，工作量小的时候还好，一旦工作量变大，光靠一个人的力量是无法完成所有工作的。学会适当授权、合理分配工作不仅能减轻自己的负担，还能在一定程度上激发下属的潜能与责任感。所有事情都亲力亲为，过度低估下属的能力，只会让他们失去工作的动力和信心，徒增自己的压力。

**给予下属足够的信任。**根据你对下属优势和技能的了解，为不同任务选择最适合完成的人。让下属知道你相信他们的能力和判断力，激发他们的工作积极性和责任感。

**定期与下属沟通。**了解下属在工作中的想法和困难，并及时提供帮助和反馈。这样不仅能及时发现问题，还能增强团队的凝聚力和信任感。要求下属定期（频次不要太多）汇报任务进展，给予建设性的反馈，并根据实际情况进行必要的调整，形成良性循环。

**营造支持、成长的空间。**作为管理者，不仅需要鼓励团队成员间的协作与沟通、知识和资源的共享，创造一个支持性的工作环境，还需要为下属提供持续的培训和发展机会，让他们在工作中不断成长。

**学会寻求帮助和建议。**当接到超出自身能力或确有困难的工作任务时，有些人出于担心自己会被视为能力不足或不服从组织安排等考量，不好意思给上级反馈。事实上，当工作遇到困难，可以试着主动向上级寻求帮助和建议。这不仅能让领导更好地了解你的工作状态与进度，或许还能为你争取到更好的协同配合。相信领导会认真听取你的意见和建议。

最后，还要注意合理安排时间，优先处理重要且紧急的任务，避免因拖延而导致工作停摆、潦草完工。

### 4. 培养自我关怀，实现工作与生活的动态平衡

"我开始无法享受简单的娱乐活动，渐渐变得不敢放松，我担心一旦我放松得太久，工作就会堆积如山。由于长时间没有进行体育锻炼，我的身体也开始出现问题，我开始频繁

地感冒、头痛、失眠。"

蒋主任工作和生活的天平已经发生了严重的倾斜，生活时间被工作严重挤占，不仅在心态上造成疲惫，身体也开始出现了不良的生理反应。如果他的身体和精神会"说话"，一定会告诉他："好好照顾一下自己吧。"

自我关怀不仅是对自己的一种爱护，更是一种提高工作效率和生活质量的有效手段。以下是几个从心理学角度出发，帮助大家在工作中实现自我关怀、平衡工作与生活的方法。

**要对自己的价值有合理的评价。**一个人的价值不因为犯了错误而损失，也不由成就的高低决定。正所谓"尺有所短，寸有所长"。合理评价自己的价值，会让一个人内心充满力量，排除内耗，把目光放长远，不把生活中的瑕疵过度放大。

**在工作和生活之间设立明确的界限。**为自己设定工作时间和休息时间，并严格遵守。尽量避免把工作带回家，保持家庭、娱乐时间的纯粹性。这不仅能提高工作效率，还能让你在家庭生活中感到更加放松和愉悦。同时，尽量不要把工作中的情绪带给家人，家人不是情绪的垃圾桶。但也要注意，要坦然地让家人知道自己大致处于什么情绪状态，避免家人在一无所知的情况下给你更多的要求和压力。

**规划运动锻炼时间，保持身体健康。**心理健康和身体健康是密不可分的。定期运动、健康饮食和充足睡眠是保持身体和心理平衡的基础。运动不仅能增强体质，还能释放内啡肽，提高幸福感。另外，运动也不仅仅限于跑步类、球类等形式，一些随时随地可以进行的肢体活动、身心放松，也是有效的运动形式。

### 5. 重托之下，筑牢地基

蒋主任的案例凸显了在受组织重托时，进行自我提升和保持心理健康的重要性。面对升职后的压力，重视组织的信任与期望固然重要，但同样重要的是认识到自我健康与效率的维护。过度焦虑和无休止的加班可能会导致工作效率的降低，甚至损害身心健康。

**不辜负组织的期望不仅仅是冲锋在前、勇挑重担，还包括科学合理地管理时间、优化工作流程以及保持身心健康。**

像蒋主任这样积极寻求专业心理帮助来应对工作压力和心理困扰，是维护个人健康和提高工作效率的有效途径。

## 三、自我评估与调节

### 1. 过度完美主义自测

> 本测评旨在帮助您了解自身的心理风格及行为模式，以优化决策方式，提高心理适应力。请根据您的真实想法，从以下选项中选择最符合您的答案。

A 选项得 5 分，B 选项得 4 分，C 选项得 3 分，D 选项得 2 分。

（1）当开始一项新的任务时，我通常_____。

- A. 详细规划所有细节，确保每一步都可控
- B. 先明确目标和流程，过程中适当调整细节
- C. 直接行动，遇到问题再改进
- D. 更关注整体观感和完成度，不会花太多时间在细节上

（2）当面临复杂选择时，我更倾向于_____。

- A. 反复权衡各种可能性，以确保做出最优决策
- B. 结合主要信息，确保不做错误选择
- C. 依靠经验和直觉，快速做出选择
- D. 选一个可行方案直接推进，不因犹豫而拖延

（3）我对自己的工作或学习成果的态度是_____。

- A. 高标准严要求，细节也要经得起推敲
- B. 力求高标准，但能接受一定的不足
- C. 只要大方向正确，不会过于纠结小问题
- D. 只关注完成度，不太在意具体表现

（4）当别人评价我的表现时，我的第一反应是_____。

- A. 非常在意，极力避免被批评，希望获得认可
- B. 认真听取一切反馈，改进不足之处，争取精益求精
- C. 只关注有建设性的建议，避免无谓焦虑
- D. 认为外界评价无关紧要，专注于自己的目标

（5）在团队合作或人际交往中，我通常_____。

- A. 希望别人按照高标准行事，否则会不满
- B. 给予合理建议，但尊重他人的做事方式
- C. 更关注整体目标是否完成，不苛求过程
- D. 避免过多干涉，保持良好氛围，给予自由度

（6）在做计划时，我更倾向于_____。
- A. 列出详细路线图和时间表，确保执行时无遗漏
- B. 设定清晰框架，过程中适当调整
- C. 先行动再优化，避免因计划过度而拖延
- D. 只关注核心目标，不做太多细节规划

（7）当任务截止时间到达但仍未完成时，我倾向于_____。
- A. 继续修改完善，即使超出截止时间也要做到保质保量完成
- B. 评估当前完成度，加班加点，在合理范围内优化后提交
- C. 提交已有成果，之后再改进或解释
- D. 不内耗，直接提交，协调推后截止时间

（8）在日常生活中，我是否会因小错误感到焦虑？
- A. 经常如此，即使是小错误也会反复自责
- B. 会在意，但能够迅速调整心态
- C. 只要不影响大局，就不会太担忧
- D. 很少因小问题焦虑，通常不会放在心上

（9）我如何看待失败或未达成目标？
- A. 长时间自责，全流程复盘，使以后的工作做得更

细、更好、更可控

- B. 会总结教训，但也能看到自己责任之外的客观原因，不过度沉溺于失败的痛苦中
- C. 认为失败很正常，重要的是调整心态后继续前进
- D. 失败对我影响不大，专注于下一步行动

（10）我在完成任务后的感受通常是_____。

- A. 看到的缺憾多于成就，总觉得可以做得更好，难以真正满意
- B. 忍不住去看成果的缺憾，但能接受
- C. 更在意核心目标达成情况，不会纠结细节
- D. 认为完成比完美更重要，通常不愿花精力去复盘总结

评分标准与解读

10~25分：注重效率和整体结果，适应性较强，对完美的要求较低。

26~40分：追求高标准，同时具备灵活性，能在完美和现实之间找到平衡。

41~47分：注重细节，要求精准，但可能因此带来压力和拖延。

48~50分以上：过度完美主义。对自我和他人要求极高，可能影响效率、人际关系和心理健康，建议适当调整期望值。

## 2. 用正念冥想缓解压力反应

正念冥想并不是要"想"什么,而是学会不带评判地"觉察"当下的一切。

很多时候我们看不到自己的痛苦到底是什么、在哪儿、什么时候存在、到底有多严重,这是一切痛苦无法消减的根本原因。看不到痛苦,却用一些别的手段强行抹去痛苦,或者逃避痛苦,只会使问题越来越复杂。

正念冥想能锻炼我们对身心感受的觉察和接纳,包括各种酸痛、麻木、伤心、担忧、疲惫、委屈……因为这些感受和问题,需要被看到、被承认、被正视,而不是被无视、否认和掩盖。

**进行正念冥想的具体方法是:**

找一个不被打扰的安静环境,冥想的时间不用太长,哪怕只是 5 分钟、10 分钟,都能带来明显的放松效果。大家可以在办公间隙、午休时间,或者睡前抽出一段时间进行。

**专注于呼吸。**坐着、躺着都可以,使自己处于一个呼吸顺畅、浑身放松的姿势。闭上眼睛,轻轻吸一口气,然后慢慢呼出,感受空气从鼻子流入流出。可以想象自己的每一次吸气,都是把松弛和平静吸进身体,每一次呼气,都是把烦恼和紧张呼出去。数次之后,自己身心会慢慢归于平静。如果感觉到专注于呼吸太过单调,可以接着进行身体扫描。

**身体扫描**。是指用意识和感觉,从头到脚逐步观察自己,关注身体的每一个部位,指挥自己的面部、脖子、肩膀、手臂……一直到腿部和脚底,一个地方一个地方地进行放松。

感觉自己进一步放松之后,可以再次将注意力转移到呼吸上,进行呼吸冥想。过程中,可能会有杂念浮现(大脑又开始想工作、家务事),这是很正常的。关键是不要和这些念头纠缠,不要被带走,而要慢慢训练自己站在"旁观者"的位置。觉察到自己走神了、不专注了,只要再次将注意力转回到呼吸或身体的感觉上即可。不要批评自己,不要焦躁,不要失去信心。

**循序渐进**。正念冥想的专注力是需要慢慢训练的,不是一蹴而就的。所以不要一开始就强迫自己进行长时间的冥想,这样很容易让自己焦躁。可以一开始只将目标定在"不走神地完成一遍身体扫描"即可,以后再慢慢提高要求。关键是要享受这个过程并体会它的意义,而不是单纯地为了完成这项"任务"。

除此之外,正念冥想开展的方式还有**行走冥想**(在行走过程中,专注于每一步的感觉,如脚接触地面的触感、身体的平衡和运动等)、**生活冥想**(在日常活动中专注于事件本身,如吃饭、洗澡、做家务等,注意每一个动作和感受)。

相信您切实地尝试、实践,并坚持一段时间之后,一定会有新的体验。

### 3. 如何避免过度的完美主义

如果发现完美主义已经对你的工作和生活造成不良影响，不妨试试下面的方法：

**分阶段设定目标。**设定现实目标是防范完美主义给自己带来困扰的首要步骤。一旦设定过高甚至是无法实现的工作目标，工作这件事本身带来的压力就会变得空前巨大。所以，心理学家从心理学角度给出的建议是，**分阶段设定目标**。将大的目标分解为小的、可实现的阶段性目标。这样可以减少压力，逐步完成任务，增强自信心。并且，在目标实现后一定要奖励自己，无论这个目标在你看来是多么的微不足道。持之以恒，相信一定可以增强自信心和成就感。

**梳理自己的优缺点。**想要设定现实的目标，需要对自己的长处和短处有清晰的认识。可以试着在一个安静放松的环境，思考自己最擅长的是哪些工作？同类工作的各种实施方案中，哪些你总是得心应手？相反，完成哪些任务时总是很困难？这是否与自身的能力不足有关？这种能力还有可能得到提升吗？是否可以微调计划和落实方式？……除了自我评估，还可以通过他人的反馈进一步了解自己。充分了解自己的性格和在工作中的长处和短处，有助于根据不同的工作内容制定最适合你自己的完成方案。另外，在此过程中出现负面思维时，要通过积极的自我对话进行调整。例如，当你觉得自己不够好时，可以告诉自己："我已经尽力了。这已经很不错了。"

**设定合理的时间限制**。对重要的工作设定时间限制可以帮助我们更好地管理时间、提高工作效率。没有时间限制的目标往往容易被拖延，尤其是对于有完美主义倾向的个体来说，他们可能会因为追求完美而不断推迟完成时间。因此，为每个小目标设定明确的时间限制，可以更好地帮助我们在规定时间内集中精力完成任务，减少焦虑。

**跳出细枝末节，接受自己与他人的不完美**。接受不完美是一种重要心态。对自己和他人设定过高的标准、无法接受任何错误和不足，这种心态不仅增加心理压力，还严重影响我们的幸福感。现实生活中基本上没有什么是完美的。因此，重新定义成功是接受不完美的关键一步。成功不一定意味着完美无缺，而更可能是在完成某项工作的过程中演好了自己的角色，为全局提供了自己所能，甚至在时间紧、任务重、条件艰苦等情况下，能保质保量完成且没有重大纰漏，那么从某种程度上来说，也是一种成功。从另一个角度看，还要提醒自己，凡事想要所有人都挑不出一丝毛病，几乎是不可能的。

## 四、热点问题聚焦

### 1. 追求完美的"度"到底应该定在哪里

追求完美的关键，在于平衡"理想自我"和"现实自我"之间的差距。理想自我代表了我们对完美的追求,而现实自我则是我们实际能够达到的水平。

太过追求完美,往往会把原本简单的事情弄得复杂,甚至影响决策和效率。完美并不是每个细节都做到极致,而是在目标和现实之间找到平衡。好在理想自我和现实自我之间其实有个微妙的"缝隙"。我们要用自己的智慧和经验,去不断理解、认清这个"缝隙",测试这个"缝隙"的具体位置,而不是试图把这个"缝隙"填满。

追求卓越没有错,但在追求卓越时,也要在可控的范围内学会放过自己和他人,接受不完美的存在。有时候,做好最重要的事比将一切做到尽善尽美更有意义。

所以,也许从某种意义上说,这个追求完美的"度",就处在"多一分则会突破全局的完整和自我的极限""少一分则一切尚有余力"的狭小区域。但关键是要承认这个"度"的存在。

**2. 为什么别人升职都春风得意,我升职却感觉疲于奔命**

首先,没有谁是生下来就胜任某个岗位的,都是要经过不断学习和磨炼的,更可能的是别人的艰辛没让你看见而已。

其次,这种升职后感觉自己能力吃紧、捉襟见肘的感受,是完全正常的,不代表你就真的不行,而是在一个新的、更具挑战的环境中,需要适应和成长而已。要允许自己在新职位上犯错、吃苦和学习。在这一过程中,可以通过一些"小胜利",如小范围地取得一些团队的成功或者在某个项目上得到反馈,来帮助自己建立信心。

最后,寻求帮助、学习新知识,向经验丰富的领导和同事请教,都是很好的应对方式。

## 第三节　情绪坐上了过山车

### 一、心理咨询室里的故事 ——借酒消愁的背后

其实，冯总刚来到心理咨询室的时候，是不愿意承认自己有酒瘾问题的。开场白太长，寒暄太多，眼神游移……可要是不说这个，又何必来这里呢？

最终，随着信任的慢慢建立，谈话终于进入正题。

"我吧，也没有什么大问题，就是想戒酒，很简单。有没有什么辅助的措施，或者住院待几天之类，让我有个约束。

"喝酒的原因？喝酒……需要理由吗？好吧，可能，就是让我放松，心情愉悦，睡眠好，进入一种跟现实生活中不一样的舒服状态吧……

"开始喝酒的时候啊，我想想啊……应该是调动以后吧……有一段时间失眠很严重，又不想吃药，就每天晚饭时喝一点，然后就慢慢地老想喝。不怕你笑话，我自己戒了三次了，最后一次都坚持了半年了，但最后还是……"

随着谈话的深入，心理咨询师了解到，原来这位来访者其实以前没有酒瘾，最多只是小酌。触发事件应该是到了一个全新领域担任领导职务，而且还是自己不熟悉的领域。性格要强的他，不得不打起十二分精神学习新知识：经济、法

律、管理等，还要应付复杂的人事关系、各种陈年纠纷……这一切很快就使他感到身心疲惫，焦虑不堪。

说到这儿，他靠在心理咨询室的沙发上，进一步打开了心扉。

"真的，只有喝酒才能让我感觉到一丝解脱。为了喝酒，我在车里、办公室里藏酒。在家里我不敢喝，因为怕家人发现。所以只要是在家，我总是借口下楼买东西，然后在外面喝酒……

"而且，我觉得我的性格也变得很……不像我自己了，"他的表情开始变得凝重，"我心里一烦，就喝酒。喝完酒，我就会变得特别轻松，特别自信，好像工作中那些焦头烂额的事突然间全都不是事儿了。很难形容，不符合逻辑，就是觉得我突然100%掌控了所有的复杂局面，再困难的事都变得轻而易举！不怕你笑话，我经常在这个时候疯狂购物、训斥下属、做重大的决定……但是只要酒醒了，一切都完了。我会变得特别消沉，连起床都困难，连照镜子都没有勇气，我觉得身边所有的事都在朝着最坏的方向发展。

"我自己就这样不停地循环，自我折磨，但我真的控制不了……"说到这儿，他偷偷地擦了一下眼角的泪水，"必须戒酒，我知道。否则身体真的要完了。但戒酒吧，每次的失败只会让我更受挫，更恨自己，然后就只能再喝，因为现在只有喝酒才能让我体会到积极、快乐，真的，但之后更强烈的自责和焦虑又会随之而来……

"我的自信心在崩塌……我真的不知道我会不会出事啊。连个酒,我都戒不了!"

## 二、心理专家这样说

### 1. 情绪在两个极端来回横跳

冯总的情况表明,他可能正面临双相情感障碍的风险,同时还伴有酒精依赖。从他的描述来看,他的情绪波动非常明显,常常在喝酒后感到特别自信和轻松,但这种愉悦感在酒精效应消退后会被强烈的自责和焦虑所取代。这种情绪的极端波动,实际上是双相情感障碍的典型特征:在躁狂阶段,他的自信和精力过度,而在抑郁阶段,他又感到自我厌恶和情绪低落。

冯总的工作压力和对新岗位的焦虑,可能是加剧这种情绪波动的重要因素。双相情感障碍往往与外界的压力密切相关,压力和挑战会加剧情绪的极端波动。而冯总的酒精依赖,可能正是一种他试图通过饮酒来缓解这些情绪波动的方式,但结果却让情况变得更加糟糕。

酒精让冯总在短期内感到放松和自信,甚至做出一些冲动行为,如疯狂购物、训斥下属等,这些表现符合躁狂期的特征。酒精的作用放大了这些情绪波动,同时也暴露了他在情绪调节和自我控制方面的困难。

总的来说,酒精对冯总的情绪状态产生了双重影响。一方面，它暂时提供了逃避现实和减轻焦虑的方式；另一方面，酒精的效应消退后，他又陷入了更加低落和自责的情绪中。这种来回横跳的模式不仅加重了他的酒精依赖，还进一步恶化了他的情绪波动和心理健康问题。

**2. 危险的双相情感障碍**

"我心里一烦，就喝酒。喝完酒，我就会变得特别轻松，特别自信，好像工作中那些焦头烂额的事突然间全都不是事儿了。很难形容，不符合逻辑，就是觉得我突然100%掌控了所有的复杂局面，再困难的事都变得轻而易举！不怕你笑话，我经常在这个时候疯狂购物、训斥下属、做重大的决定……但是只要酒醒了，一切都完了。我会变得特别消沉，连起床都困难，连照镜子都没有勇气，我觉得身边所有的事都在朝着最坏的方向发展。"

冯总可不是仅仅有酒瘾这么简单，而是正经历着危险的双相情感障碍。

双相情感障碍，是一种严重的情绪障碍，其特征是情绪在躁狂和抑郁之间极端波动。这种情绪波动可以对个人的生活、工作和人际关系造成显著影响。如果症状很轻微，在有一些倾向的时候，就做一些干预，往往比发展成为疾病的时候会更好干预，并且也不会太影响生活和一些社会功能。

有双相情感障碍的人在躁狂发作时，可能会出现情绪高涨或易怒、精力充沛和活跃、言语和思维加速、自信心膨胀、冲动行为、注意力不集中等状态，而在抑郁发作时，又可能会出现情绪低落、精力减退、自我评价低、睡眠障碍、食欲和体重变化、注意力不集中等，甚至产生自杀念头和行为。

在躁狂和抑郁两种状态中反复切换，会严重影响一个人的自我认知和社会功能。不仅如此，如果是混合发作，则可能带来更严重的后果。混合发作是指同时出现躁狂（或轻躁狂）和抑郁的症状，可能会导致个体表现出严重症状和自杀风险并存的情况。

### 3. "第一颗纽扣"——压力应对方式

"必须戒酒，我知道。否则身体真的要完了。但戒酒吧，每次的失败只会让我更受挫，更恨自己，然后就只能再喝，因为现在只有喝酒才能让我体会到积极、快乐，真的，但之后更强烈的自责和焦虑又会随之而来……"

压力应对方式是"第一颗纽扣"。我们对压力事件的认知、评价和应对策略，决定着压力最终造成的影响。

当我们遇到潜在的压力源时，内心会进行初级评价，判断该事件是具有威胁、挑战还是无关紧要的，接着我们会进行次级评价，即评估自己有哪些资源和策略来应对这个压力源。在这个阶段，我们会思考自己是否有能力处理，比如，是否具备相关技能，是否需要寻求同事的帮助，等等。

我们应对压力的策略，主要分为两类：问题导向的应对和情绪导向的应对。

问题导向的应对是指采取行动来直接解决问题，通过改变压力源或改善环境来减少压力，如制订计划、提升技能、寻求支持等；情绪导向的应对则是指通过调节情绪来缓解压力，如通过冥想、运动或倾诉来减轻焦虑。

当这些应对策略无效或缺乏健康的应对方式时，我们可能就会转向不健康的应对，如依赖酗酒、吸烟、药物或赌博等成瘾行为。

从心理动力学视角来看，个体的成瘾行为常常是应对内在冲突和情感压力的一种方式。酒精就常被视为一种"自我药疗"方式，用于暂时缓解内心的焦虑和痛苦。

酗酒这种行为虽然在短期内看似有效，但从长远来看，不仅无法解决根本问题，而且随着时间的推移、酒瘾的形成，反而会带来更多健康和心理上的问题。因此，找到合理健康的压力应对方式对我们的身心健康至关重要。

**4. 如果问题导向性压力应对方式不起作用**

相信大多数管理者也常常采取"问题导向"的方式来应对压力，专注于寻找问题的解决方案，推动任务的完成。这种方式在许多时候非常有效，帮助我们明确目标，迅速行动。然而，当压力过大，情绪的痛苦或心理的疲惫随着问题的增多而累积时，单靠解决问题的策略可能并不总能缓解内心的重压。

此时，我们需要从另一个角度来看待压力。

有时候，最需要的并不是立即找到解决方案，而是允许自己先感受到这种压力，接纳自己在困境中的不安与无力感。接纳并不意味着放弃，而是承认我们每个人都会在某些时刻感到无助，承认某些问题一时之间无法解决。当我们不再强迫自己去消除所有的困扰，反而能减轻内心的焦虑。

另外，情绪的调适也非常关键。很多时候，压力给我们带来的痛苦并不仅仅是因为问题本身，而是因为我们无法有效管理自己的情绪。当我们感到身心疲惫时，可能并不需要继续追求效率和进展，而是应该停下来，给自己一些空间去平复心情。

同时，心理上的支持也不容忽视。尽管管理者肩负重任，很多时候需要独立决策和承受压力，但这并不意味着不能寻求他人的帮助或倾诉。在紧张的工作环境中，与他人分享自己的困惑与压力，不仅能减轻孤独感，还能获得新的视角和思路，更好地理解和应对当前的困境。

所以，当面对无法通过解决问题本身的方式去化解压力时，我们需要接纳情绪，调整心态，并寻求外界的支持。这不仅能帮助管理者应对复杂的心理挑战，也能为长时间的高压工作建立更加坚实的心理基础。

## 三、自我评估与调节

### 1. 酒精依赖自测

请根据您在过去一年中的情况回答以下问题，每题选择最符合情况的答案。

（1）您是否发现自己经常需要喝更多的酒才能达到之前的效果？

- 从不［0分］
- 偶尔［1分］
- 有时［2分］
- 经常［3分］
- 总是［4分］

（2）您是否尝试过减少饮酒但未能成功？

- 从没尝试过［0分］
- 尝试过一次［1分］
- 尝试过几次［2分］
- 尝试过无数次，记不清次数了［4分］

（3）您是否在饮酒后经常出现戒断症状（如焦虑、震颤、出汗等），并且这些症状使您难以停止饮酒？

- 从不［0分］
- 偶尔［1分］
- 有时［2分］
- 经常［3分］
- 总是［4分］

（4）您是否发现饮酒影响了您的工作、学习或生活？

- 从不［0分］
- 偶尔［1分］

- 有时［2分］
- 经常［3分］
- 总是［4分］

（5）您是否发现自己为了避免酒醒后的不适（如自责）而再次饮酒？

- 从不［0分］
- 偶尔［1分］
- 有时［2分］
- 经常［3分］
- 总是［4分］

（6）您是否在社交场合中常常感到必须饮酒才能放松或参与活动？

- 从不［0分］
- 偶尔［1分］
- 有时［2分］
- 经常［3分］
- 总是［4分］

（7）您是否发现饮酒对您的健康产生了负面影响，例如身体疾病或心理问题？

- 从不［0分］
- 偶尔［1分］
- 有时［2分］
- 经常［3分］

● 总是 [4分]

评分标准与解读

将所有问题的得分相加,得出您的总分(总分范围为 0~28分)。

0~7分:可能没有显著的酒精依赖问题。

8~14分:轻度酒精依赖,可能存在一些依赖表现,但通常能够控制。

15~21分:中度酒精依赖,酒精使用对日常生活和社会功能有较明显影响。

22~28分:重度酒精依赖,酒精使用严重影响到生活、健康和社会功能,建议寻求专业帮助。

## 2. 双相情感障碍自测

请根据过去1~2个月的真实感受,对以下陈述做出评分。每个问题请根据实际情况从以下选项中选择最符合的答案。

0 = 完全不符合(0分),1 = 部分不符合(1分),2 = 既符合又不符合(2分),3 = 部分符合(3分),4 = 完全符合(4分)

(1)我的情绪会毫无预兆地快速变化,从极度高兴到极度低落。

0 | 1 | 2 | 3 | 4

（2）我常常感到能量充沛、精力旺盛，甚至有时感到比平时更有动力。

0 | 1 | 2 | 3 | 4

（3）当我心情很好的时候，我会有一种"自己可以做任何事"的感觉。

0 | 1 | 2 | 3 | 4

（4）我常常感到自己无法控制情绪的波动，尤其是情绪低落时。

0 | 1 | 2 | 3 | 4

（5）我的睡眠时间有时会大幅减少，甚至只需很少的睡眠也能保持精力充沛。

0 | 1 | 2 | 3 | 4

（6）在情绪低落时，我会感到难以集中注意力或难以完成任何事情。

0 | 1 | 2 | 3 | 4

（7）我常常认为自己在某些时刻的情绪过于高涨，行为表现有些过火。

0 | 1 | 2 | 3 | 4

（8）我有时会感到极度愉悦和兴奋，做事情也显得特别冲动和激进。

0 | 1 | 2 | 3 | 4

（9）在我感到抑郁时，常常会对生活失去兴趣，甚至有消极的想法。

0 | 1 | 2 | 3 | 4

（10）我的情绪低谷有时会持续几天，甚至几周，而在这些时段我很难摆脱消极情绪。

0 | 1 | 2 | 3 | 4

（11）我会有时感到与周围的环境格格不入，甚至觉得自己与他人的关系变得疏远。

0 | 1 | 2 | 3 | 4

（12）我的自信心和自我感觉在某些时候会异常高涨，甚至显得不现实。

0 | 1 | 2 | 3 | 4

---

评分标准与解读

0~29分：情绪波动较为稳定，可能不需要过度担忧。

30~39分：情绪波动较明显，可能存在双相情感障碍的风险。应引起关注，进一步观察自己情绪波动的规律。

40~48分：情绪波动较大，可能符合双相情感障碍的部分症状。

### 3. 摆脱酒瘾的正确方式

酒瘾，也称酒精依赖或酒精使用障碍。戒除酒瘾是一个复杂的过程，通常需要综合性的方法，包括医学治疗、心理支持和生活方式的改变。像本案例中的冯总那样仅靠自己的意志力来戒酒，是很难成功的。重度依赖者，甚至需要住院戒断，来为其提供安全和支持的环境。

**一般来说,科学系统地戒除酒瘾,有以下几种措施:**

**避免"孤军奋战"。** 简言之,就是有人监督、有人指导。与家人和朋友保持沟通,定期与心理咨询师、精神科医生见面,避免使自己"孤军奋战"。

**自我管理。** 设定明确的戒酒目标,并逐步实现。记录饮酒情况和戒酒的感受,识别饮酒的诱因和应对策略;学习和练习放松技巧,如深呼吸、冥想和渐进性肌肉放松,减轻压力;记录进展和成就,增强自信心。戒酒是一个长期的过程,应该持续关注和管理自己的行为和情绪变化。

**行为和生活方式调整。** 识别和避免可能引发饮酒的环境、情境和人际关系;发展新的兴趣爱好和活动,如运动、艺术、读书等,填补戒酒后空余的时间;保持均衡的饮食,确保摄入足够的营养,有助于身体恢复。

**预防复饮。** 制订应急计划,识别早期复饮的迹象,并采取积极措施预防复饮;参与有意义的活动和社会互动,保持积极的生活态度。

这些措施可能不用全部都采取,因为每个人的情况不同,戒断方案也应根据个体的具体需求和反应进行调整。如果自己情况比较严重,最好与专业的医疗和心理健康团队密切合作,以提高戒酒的成功率。

## 四、热点问题聚焦

**1. 如何辨别有双相情感障碍的人和"性情中人"**

很多人认为，豪爽、激烈的言辞和行为，其实只是一种性格。这类人被归为"性情中人"，或者说"这人就是这个脾气"。

其实，有双相情感障碍的人与一般情绪波动大的人，最主要的区别在于其情绪变化的深度、持续时间和影响范围。

双相情感障碍表现为显著的情绪波动，包括躁狂和抑郁两个极端阶段，这些阶段不仅极端，而且持续时间较长，对个人的日常功能和社会生活造成严重影响。而普通的情绪激烈、波动，通常都较为短暂，不会持续影响生活功能，也不具备如此极端的状态。双相情感障碍常会造成明显的行为改变，以及带来显著的生理症状，而普通的情绪波动则更为轻微且对生活的干扰较为有限。

**2. 酒瘾会不会遗传**

酒瘾确实有一定的遗传倾向，但它并不是单纯由基因决定的。从心理学的角度来看，酒瘾的形成是一个复杂的过程，既涉及基因遗传，又与环境和个人经历密切相关。如果父母或家庭中有酗酒者，孩子在遗传上可能更容易受到影响，感受到更强的饮酒欲望和酒精依赖的风险。

然而，遗传只是影响酒瘾的一个方面。成长过程中的家庭氛围、社会环境、应对压力的方式等因素，也会对一个人的饮酒行为产生重要影响。例如,压力大、情感困扰时,有些人可能更倾向于通过饮酒来逃避现实,逐渐形成依赖。

另外,酒瘾不仅是生理上的依赖,它还与个体如何管理情绪、面对挑战、处理困境有关。如果一个人能学会更健康的情绪调节和应对压力的方式,染上酒瘾的风险就会降低。因此,即使有遗传倾向,培养良好的心理调节能力和健康的生活方式,仍然可以有效减少酒瘾发生的可能性。

## 第四节　时间真能治愈一切吗

### 一、心理咨询室里的故事——查不出的"心脏病"

阳光透过咨询室窗帘的缝隙洒在桌子的一束鲜花上，空气中弥漫着淡淡的薰衣草香气。杨经理坐在柔软的沙发上，紧紧握着双手，显得有些坐立不安和不耐烦。

"我今天来，恐怕会浪费您的时间，所以我还是抓紧说吧。其实是心内科医生三番五次建议我来，我才来这儿的。但我真的有点生气。心脏有问题他检查不出来，就觉得我脑子有问题吗？啊，不好意思啊，我不是……"她感觉自己失言了，脸上微微一红。

咨询师表示没关系，鼓励她说下去。

"我自己感觉真的就是心脏问题、身体问题，比如，上班的时候总是没缘由地感觉心跳加速，容易受惊，怕各种动静，像是手机响、有人吵架、别人叫自己名字……"

随着谈话的深入，心理咨询师了解到，这些症状的导火索应该是几个月前的一天，这位在某企业人事部门当主管的杨经理在去单位的路上被一群人给堵在了半路上，有人还动了粗，用砖头砸了她的车窗。而这次事件也给她带来了非常严重的影响，差点职位不保。"从那以后，我总觉得有人在背后盯着我、跟着我，然后很快我的心脏就不对劲了，动不动就突突地跳，胸闷、呼吸急促、出冷汗，有时候甚至觉得呼吸困难。胃口也不好了，瘦了快二十斤。晚上也睡不好，不是做噩梦就是睡不着。"

"您会经常回忆那件事吗？"

"别提了！我最不愿意的就是回忆那件事啊，但是我这个脑子却一直忍不住去想。我都控制不了自己。开着会呢，脑子嗡的一下就开始重放当时的回忆，我都能清晰地听见车窗玻璃'哐'的一声爆裂开，我顿时就冷汗直冒。"

"这种控制不了的回忆，总是会伴随身体的不舒服吗？"

"对啊。我先生说我是心气虚，应该去吃中药调养。但我哪儿有时间啊……您有认识的心内科医生，或者能治神经衰弱的大夫吗？"

咨询师望着这位 HR 主管殷切的眼神，对她的问题有了初步判断。

## 二、心理专家这样说

### 1. 有些事其实很难过去

其实，面对和解决，才是让事情过去的正确方式。

本案例中，杨经理经历的事件——路遇突发性暴力事件——导致了显著的创伤反应：创伤后应激障碍。她对这一事件的频繁回忆和相关的身体症状（如心跳加速、胸闷、呼吸急促、出冷汗）表明她正在经历创伤后应激反应。这种反应让她在类似情境中过度警觉，并不断回忆创伤事件，引发了持续的焦虑和恐惧感。

与此同时，杨经理所描述的心跳加速、胸闷、呼吸急促、出冷汗等急性身体症状，符合惊恐障碍的特征。惊恐障碍往往会伴随强烈的恐惧和不适，通常在没有明显触发因素的情况下发生。杨经理对声音和动静的敏感，以及对健康问题的持续担忧，显示了她的高度焦虑。她对心脏健康的持续担忧和对环境中的微小刺激的过度反应，都反映了她的焦虑症状。这种状态使她难以在正常的工作环境中保持平静和专注。

创伤后应激障碍和惊恐障碍这两种心理问题，有的时候容易被人忽略，因为我们以为，很多事情会自然过去，时间能治愈一切。

### 2. 创伤后应激障碍不是矫情

"我最不愿意的就是回忆那件事啊，但是我这个脑子却一直忍不住去想。我都控制不了自己。开着会呢，脑子嗡的一下就开始重放当时的回忆，我都能清晰地听见车窗玻璃'哐'的一声爆裂开，我顿时就冷汗直冒。"

创伤后应激障碍不是矫情，也并不遥远，创伤后应激障碍在普通人群中终身患病率高达 4% 左右，影响着全球数百万人的生活。

创伤后应激障碍是一种由经历或目睹创伤事件引发的精神障碍。创伤事件可能包括战争、自然灾害、严重事故、性侵犯或其他暴力行为。当事人在经历创伤后的一段时间内，会持续体验到创伤的记忆甚至当时的躯体感觉，并感到极度的焦虑和恐惧。这种情况通常持续数月甚至数年，严重影响正常生活。

正在经历创伤后应激障碍的人可能会有以下问题：

**闪回**。突然感到自己重新置身于创伤现场，感官体验异常真实，仿佛再度经历事件。闪回可能会在日常活动中突然发作，给当事人带来极大的不适和恐惧。

**噩梦**。经常在梦中重演创伤事件，这些梦境通常是生动而恐怖的。噩梦不仅影响睡眠质量，还可能让人在白天感到疲惫和不安。

**强迫性回忆**。创伤记忆会不由自主地反复出现在脑海中，即使在试图集中注意力于其他事情时也无法控制。这些回忆通常伴随着强烈的情绪反应，如恐惧、悲伤或愤怒。

**惊跳反应**。对突如其来的声音或动作反应过度，容易受到惊吓。这种高度警觉的状态会使人时刻保持紧张，很难放松。

**睡眠障碍**。包括噩梦、难以入睡、睡眠浅等问题，导致疲倦和精力不足。

在这些负面体验之下，人可能会采取以下回避行为：

**回避创伤相关刺激。**刻意避开与创伤事件有关的地点、人物或活动,以减少触发不适回忆的机会。这种回避行为可能导致孤立,影响社交和日常活动。

**情绪麻木。**对周围的事物失去兴趣,无法体验到以前能够带来快乐的活动。这种情绪麻木不仅会影响生活质量,还可能导致与亲朋好友的关系疏远。

在多种因素共同作用下,人可能会产生很多负面情绪和认知变化。比如,会产生对自己、他人和世界的负面看法,认为自己无能、世界危险、他人不可信等想法,这些想法进一步加剧无助感和孤独感。不仅如此,人还可能会陷入极度的恐惧、愤怒、羞耻或内疚中,甚至会出现记忆力减退、注意力不集中、食欲异常等。

**3. 容易跟心脏病混淆的心理问题**

创伤后应激障碍确实可能与心脏病的症状相混淆,尤其是在初期表现中。本案例中杨经理就以为自己得了心脏病,所以反复去心内科就诊。

正在经历创伤后应激障碍的人常常表现出很多跟心脏病相似的身体症状,还可能出现极端的焦虑或恐慌发作,表现为急剧的心率加快、呼吸困难和胸部不适等症状。这些都与心脏问题非常相似,导致很多有创伤后应激障碍的人首先怀疑是自己心脏出了问题。

然而也不能说创伤后应激障碍跟心脏病一点关系都没有。长期经历创伤后应激障碍而得不到有效缓解的人,持续的高压力水平、身心亚健康,很可能真的会增加罹患心脏病的风险。

所以,如果您正在经历创伤性事件带来的艰难时期,而正好又感觉自己有一系列无法判断是否属于心脏病的症状,建议您可以去心内科和精神科都做一些咨询。

### 4. 生活中的不定时炸弹——惊恐障碍

"上班的时候总是没缘由地感觉心跳加速,容易受惊,怕各种动静,像是手机响、有人吵架、别人叫自己名字……"

这位杨经理正处于随时随地都有可能惊恐发作的痛苦旋涡之中。惊恐障碍,是反复出现的不可预期的惊恐发作。其主要特点是不可预期的、突然发生的强烈的害怕或不适感,可表现出濒死感或失控感,并伴有自主神经功能失调的症状。由于它是一种易复发的疾病,因此会对个体的日常生活及心理、生理健康造成严重的消极影响。

惊恐发作通常突然袭来,伴随着一系列的症状,如**心悸、出汗、呼吸急促、胸痛、恶心、头晕、寒战或潮热、麻木或刺痛感等**,有人还会有来势凶猛的恐惧感,即一种类似对失控或死亡的恐惧。

反复的惊恐发作会对人的生活产生深远的影响。担心下一次惊恐发作,常常会使人处于持续的焦虑状态中,不敢去做重要的事,不敢社交,回避某些地方或活动等。

## 三、自我评估与调节

### 1. 创伤后应激障碍自测

请根据您在过去一个月中的经历回答以下问题。每个问题都涉及您对创伤性事件的反应，请选择最符合您情况的答案。

从不（0分） 极少（1分） 有时（2分） 经常（3分） 总是（4分）

（1）您是否经常回忆或反复在脑海中甚至身体感觉上经历创伤性事件，感到像是事件又发生了一遍？

（2）当您接触到与创伤性事件相关的事物或情境时，是否有过强烈的情绪或生理反应，如恐惧或惊吓？

（3）您是否经常努力避免谈论、思考或接触与创伤性事件有关的事物、地点或活动？

（4）您是否觉得自己的情感变得麻木或对周围的人、事物失去兴趣？

（5）您是否易怒或经常感到愤怒或有过度警觉的情绪，如惊吓、难以放松或睡眠问题？

（6）您是否感到自己与他人疏远或隔离，不再能感受到与他人的连接？

（7）您是否常常对自己或他人产生过度的负面评价，或感到极度的内疚或羞耻？

评分标准与解读

将所有问题的得分相加，得出您的总分（总分范围为 0~28 分）。

0~7 分：症状较轻，不太可能存在创伤后应激障碍。

8~14 分：可能存在轻度创伤后应激障碍症状，建议关注自身症状的变化。

15~21 分：可能存在中度创伤后应激障碍症状，对生活和社会功能产生一定影响，建议寻求专业帮助。

22~28 分：可能存在重度创伤后应激障碍症状，对生活和功能有显著影响，建议尽快寻求专业心理咨询或治疗。

**2. 正在经历创伤后应激障碍的人，如何消除闯入性闪回**

闯入性闪回是指不由自主地重现创伤记忆。

> 当这种闪回发生时，可以通过一些小技巧来帮助打断并逐渐恢复平静。

一种有效的方法是将注意力转移到当前的环境中。可以通过五感技巧来实现，即注意并描述你目前看到、听到、触摸到、闻到或品尝到的事物。通过关注现实中的细节，可以帮助自己重新连接当下，减轻创伤记忆的干扰。

另一种有效的方法是深呼吸。通过慢而深的呼吸，把注意力拉回到呼吸节奏上，帮助身体放松。专注于每次吸气和呼气，慢慢地让自己从闪回的记忆中脱离出来，回到安全的现实中。

此外，自我安抚也是一个重要的策略。用温暖和坚定的语气对自己说："我现在很安全，一切都过去了，这只是我的思维在回忆过去的创伤时刻。"这种正向的自我对话有助于减轻情绪带来的震荡，恢复对情境的掌控感。

## 四、热点问题聚焦

### 1. 只有经历重大创伤才会患上创伤后应激障碍吗

许多人认为只有经历战争、自然灾害或暴力事件等重大创伤的人才会患上创伤后应激障碍。其实，创伤后应激障碍可以由各种类型的创伤性事件引发，甚至是较小的事件。任何让人感到极度无助、恐惧或恐慌的事件，都可能导致创伤后应激障碍，包括交通事故、失去亲人、被欺凌、遭遇暴力等。

这与个人的性格或意志力无关。即使是意志力强大的人也可能在经历严重创伤后出现创伤后应激障碍。这是一种心理反应，不应被视为软弱的标志。对创伤后应激障碍的错误认知可能会导致对创伤后应激障碍患者的误解和污名化，使他们更加不愿寻求帮助。因此，正确认识这个问题非常重要。

### 2. 创伤后应激障碍多久才能好

创伤后应激障碍的恢复时间因人而异，取决于多种因素，包括创伤的性质、个人的心理韧性、支持系统的强弱以及是否接受专业指导。有人可以在几个月内减轻，而有些人则可能会持续多年，特别是在没有及时、科学的应对时。

即使症状有所缓解，创伤后应激障碍的康复往往是一个持续的过程，有些人可能需要长期的支持和技巧练习来保持稳定。因此，恢复的时间并没有固定的标准，重要的是有科学的指导、积极的应对，并保持耐心和信心。

# 第五节　怎么见人，怎么见自己

## 一、心理咨询室里的故事　——莫名的口吃

在黄主任强大的表情管理能力之下，心理咨询师还是捕捉到了她精心掩藏的尴尬与局促。

"我……"

一开口，她的问题就很明显——口吃。

黄主任是某企业的中层领导，大家都叫她黄主任。她刚走进咨询室时，就只有一个小小的请求，希望能改善口吃问题。

"在面对人群说话时，我总是莫名其妙地卡壳，话语不连贯。刚开始只是偶尔几次，但随着时间的推移，情况变得越来越严重，我已经很难正常地表达，这严重影响了我的工作。这让我变得越来越不自信，生怕自己在重要场合上犯错。但我就是无法控制，每次在公开场合发言时，我的心跳就不自觉地开始加速，脑海里不断闪现出各种可能会出错的情景，口吃也因此越发严重。"

咨询师以专业和耐心的态度，和黄主任慢慢聊了起来。

原来，黄主任曾是一个极具自信、善于沟通和表达的人。以前别说口吃了，就是连说话的速度都比别人快，嗓门

也比别人大。

那她的口吃是从什么时候开始的呢?

细想起来,这要从集团的新领导上任开始。新领导以全新的理念来调整中层人事结构,将她也进行了调整。而黄主任认为无论怎么努力,似乎都不适应新的岗位。

"这表面上看是给我的一次升职,然而所有人都知道,实际上就是把我边缘化了。而且我也是不想转岗的,为了这个还闹得挺不好看的,上上下下都有点……看我的笑话。

"转岗之后,我就得格外小心了。墙倒众人推。我开始天天生活在'显微镜'下,说什么做什么,都怕招来别有用心的评价。那我能怎么办呢?

"有一次,我实在忍不了了,跟人吵了几句,吵着吵着就不知道怎么的突然说不出话来,然后就开始口吃了……

"有了这个毛病以后,我就只能少说话。但有什么用呢?越少说话,我竟然就越不能好好说话了。"说到这儿,黄主任红了眼圈。

## 二、心理专家这样说

### 1. 从伶牙俐齿到沉默不语,只有一步

黄主任的口吃是其心理状态的直接反映。从她的讲述中可以看出,口吃问题开始出现的时间点与新领导上任、个人职务调整以及随之而来的职场矛盾相关,一系列的环境变化

导致她在职场中感受到极大的压力和不安。心理学中，职场压力往往会影响个体的自信心和心理稳定性，进一步导致身体上的表现，如口吃。

黄主任曾经是一个自信、善于沟通的人，现在竟不敢开口说话，这种变化对她来说是非常痛苦的。她的口吃不仅是对外界评价的敏感反应，也反映出她对自己职场定位和个人能力的严重担忧。口吃让她无法有效表达自己的想法，进一步削弱了她的自信心，形成了恶性循环。

黄主任尝试通过减少发言来应对压力，但这种方法实际上加剧了她的焦虑。当人们感到无法适应环境时，往往会采用回避策略。然而，回避并不能解决问题，反而可能加剧个体的焦虑和自我怀疑。

**2. 角色冲突下的自我定位失真与过度自我关注**

"这表面上看是给我的一次升职，然而所有人都知道，实际上就是把我边缘化了。而且我也是不想转岗的，为了这个还闹得挺不好看的，上上下下都有点……看我的笑话。"

这次职务变动在黄主任看来，是明升暗降。让她产生了一种深深的挫败感，甚至感觉别人都在背后笑话自己。

心理学上，这种情绪其实源自"社会比较理论"。当我们在职业生涯中遭遇类似变动时，往往会将自己与同级别或更高级别的人进行对比，觉得自己在他人眼中变得"低人一等"。然而，这种情绪的背后，往往是我们对自我认知的失真。

一方面，职务并不能完全代表一个人的价值。很多时候，我们把自己的身份和职务绑在一起，认为一旦职务发生变动，自己就拥有或失去了某种社会地位或价值。从心理学的角度来看，过度依赖职务来定义自我，是一种"外部价值评估"，而这种评估并不总是准确。实际上，管理者的真正价值不在于职务的高低，正所谓"骏马能历险，力田不如牛；坚车能载重，渡河不如舟。"每个人都有自己独特的能力和人格特征，关键在于能否找准自我定位、充分发挥自己的能力与智慧，尽心履职、服务人民。

另一方面，黄主任有着"他人怎么看我"的担忧，认为自己已经被别人看低，甚至笑话。这是一种典型的"过度自我关注"心理。其实，别人很可能并不像她想象的那样频繁关注她，尤其是在集团大范围从事调整后，大家的关注点往往会转向自己的工作。黄主任的失落感，很大程度上来自自己内心的想象——认为别人都在嘲笑自己，而这种想象并没有现实依据。

## 三、自我评估与调节

### 1. 自我定位准确程度自测

每题选项对应的分值：A=3分，B=2分，C=1分。

（1）当你参与一项集体工作时，发现自己偶尔会被忽略，你会认为：

A.他们可能觉得我能力不足

B. 他们没有意识到我能提供帮助

C. 这是正常现象，每个人都有被忽略的时候

（2）在工作中出现了一个不属于你的错误，但有人误以为是你造成的，你会：

A. 反复担心其他人会怎么看我

B. 主动解释，但还是会留点心

C. 觉得问题很小，不会太在意

（3）当你被调到一个新的岗位，而这个岗位的权力或资源相对减少时，你会：

A. 觉得自己被低估或被边缘化

B. 对新岗位感到不安，同时想努力适应

C. 把这当作一个新的起点和挑战

（4）同事们在某个会议上谈笑风生，但你没有被主动邀请加入讨论，你会认为：

A. 他们可能对我不满意

B. 是我的某些表现让他们对我有所保留

C. 没关系，可能只是偶然的情况

（5）如果有人对你的工作提出了中肯的批评，你的第一反应是：

A. 感觉自己受到了攻击，可能他们不喜欢我

B. 尝试接受，但会反复回想这件事

C. 把它当作一次改进工作的机会

（6）你在职场中听到关于某些人的负面传闻，这些传闻

与你无关，你会：

A. 担心如果换成是我，会被人议论得更严重

B. 思考如果是我，应如何处理

C. 不会联想到自己，只是听听而已

（7）当你的工作受到表扬时，你的内心感受是：

A. 他们可能只是客套，我没那么好

B. 我感到开心，但会担心自己能否保持这样的表现

C. 我认为这是对我努力的认可

（8）在团队中，当你没有主动被赋予某些职责时，你会：

A. 怀疑自己被边缘化了

B. 思考是否需要主动争取更多的机会

C. 觉得这是正常的分工，没必要过度解读

（9）如果你在工作中的一次决策带来了负面影响，你会：

A. 反复责备自己，认为这是一个无法弥补的错误

B. 寻求改进的方法，同时感到压力

C. 认为错误是工作的一部分，吸取教训后继续前进

（10）当你对某些事情感到不满或不安时，你更倾向于：

A. 默默担忧，并揣测他人可能因此对我有负面看法

B. 和朋友或同事倾诉，但还是会觉得不安

C. 找出不安的原因，解决问题或接受现状

评分标准与解读

10～14 分：自我定位稳定，能够理性看待他人评价和职

务变动，情绪管理能力较强。

15~24分：自我定位较为平衡，但在某些情境中可能会有轻微失真。建议在特定情境中多关注事实而非猜测。

25~30分：可能存在较明显的自我定位失真，尤其是对外部评价过于敏感。建议加强自我接纳，关注自身真实价值。

**2. 自我定位失真该如何调整**

> 当管理者感到自我定位失真时，调整的第一步，是坦然地面对自己的不安，重新发现自己那些不依赖外界而存在的真实价值。真实的价值，不是外界给的，而是你如何看待自己。

当你觉得"别人可能在笑话我"，不妨停下来问自己："这是真的，还是只是我的想象？"很多时候，这种羞耻感并不是来自外界，而是源自我们对自己不够宽容。其实，别人并没有你想的那样关注你，甚至可能根本没意识到你的烦恼。我们习惯于放大他人的目光，却常常忽略了自己的目光才是决定性的。

试着去看那些不变的东西——你身上的能力、智慧，以及对工作的热情。当职务变动带来迷茫时，它或许也是一次机会，帮助你跳脱出来，看到人生更广阔的可能性。那些真正优秀的管理人才，往往不依赖于外界给予的头衔，而是能用自己的行动来证明自己。他们的价值，在于每一次缜密思考之后的果断决策，在于应对急难险重任务时的无畏担当。你也可以如此。

所以，与其纠结于别人的看法，被职务、头衔所左右，不如再问一问自己："我能为这份事业贡献多少，能带来怎样的改变？"当你把注意力从"别人怎么看我"转向"我能做什么、我该怎么做、我要怎么开始"时，自我定位的焦虑便会逐渐消散。

一个人的力量，从来不是来自外界的掌声，而是内心深处那份清晰的自我认知。

## 四、热点问题聚焦

### 1. 不重复单词或音节，就不是口吃吗

口吃不仅仅是重复单词或音节，它的表现形式多种多样。它可能表现为重复，包括重复整个单词，如"我想去我想去我想去"，或重复单个音节，如"我我我我想去"；也可能表现为声音延长，如拉长某个音，如"我——想去"；也可能表现为语音的中断，即说话过程中突然停顿，无法发出声音，或讲话时出现明显的停顿，像是卡在某个音上；还可能表现为插入词的使用和逃避行为，如在句子中插入无意义的词语或声音，如"呃""嗯"，或为了避免口吃，使用其他词语替代本来想说的词，以及改变句子的结构或内容以避免说出难以发音的词；还可能表现为说话时面部肌肉紧绷，伴

随不自主动作，如眨眼、摇头、跺脚等，甚至语调突然改变；等等。

口吃不仅仅是单纯的重复单词或音节，而是一种复杂的语言障碍，涉及多种语言和非语言行为。每个口吃者的具体表现和症状可能有所不同，因此需要根据个体情况进行分析和处理。

**2. 管理者受到批评或被降职、处分后，还怎么见人**

管理者在职场中受到批评或被降职、处分，内心难免会翻涌出一种羞耻感，仿佛所有的目光都变得刺眼。你会觉得，每一个迎上来的眼神里都藏着疑问，每一声寒暄里都带着隐约的讽刺。这样的时刻，就像站在舞台中央，灯光熄灭，你却仍然孤零零地站在那里，被想象中的观众注视着。其实，这种"被人注视"的感觉，更多来源于内心的自我投射，而不是外界的真实反映。

心理学上，这是一种"聚光灯效应"。我们习惯放大他人对自己的关注，尤其是在经历失败或挫折的时候，总觉得全世界都在谈论自己。但实际上，别人的生活里，你只是一个短暂的插曲，远没有你想象的那么重要。每个人都忙着关注自己的问题，没有人会花太多时间细究你的遭遇。真正让你难堪的，其实是你对自己的苛责和不接纳。

所以，被批评或被降职、处分后如何"见人"，其实是一个如何"见自己"的问题。

能不能平静地接纳那个并不完美甚至犯过错的自己，是关键的一步。允许自己在人生的某些时刻跌倒，这并不意味着你永远不能站起来。相反，它可能是一次重新开始的契机，让你尝试探寻更真实的自我。

见人时，不必刻意去解释或掩饰你的过去。用真诚的态度面对它，因为坦然面对本身就带着一种力量。那些真正懂得尊重和欣赏你的人，不会因为你的境遇而改变对你的看法。更重要的是，你如何重新看待自己。每一个创伤都可能成为一个成长点。如果你能从挫折中找到继续前行的意义，那些所谓的羞耻感，反而会成为你力量的一部分。

见人，不是去赢得别人的认可，也不是寄希望于别人看你时的眼神没有一丝一毫的变化，而是通过自己的行动和态度，重新建立与他人更真实、更有力量的连接。

失败也好，挫折也罢，它们不会定义你的人生，只有你自己才能决定未来的方向。接纳这一点，你会发现，见人并没有你想的那么难。重要的是，你已经准备好重新出发了。

# 第六节 是"痛"还是"快"

## 一、心理咨询室里的故事 ——越痛苦就越解脱

刘总坐在咨询室里,笑呵呵地对心理咨询师说:"我只想找点办法,减少干这种事的冲动。没什么大不了的。要是吃药能好,希望能给我开点儿。"他的话语轻描淡写,但眼中的痛苦却无法掩饰。

咨询师看着他手腕上密密麻麻的伤疤,开始了探寻的过程。

"这是从什么时候开始的?可以说说吗?"

"可能是从那会儿我骑车摔倒开始的吧,我猜。就是手腕摔破了皮,结痂了,我就忍不住总是去抠血痂,结果就成了个坏习惯。后来手腕好了,我就自己弄点伤口出来,比如,抽烟的时候烫一下,打火机烧一下什么的。哎,就是成习惯了,改不了。"

咨询师心里咯噔一下:自伤可不仅仅是个"坏习惯"这么简单。

"是在什么情况下,让你想做这样的事?"

这个话题,让原本笑呵呵的刘总陷入了沉默。半晌,他低下了头,看着地板,小声说:"我说出来,估计您就要把

我送精神病院了……我其实从来没跟人说过，连我自己都不信。但是吧……我无法解释我能听到声音这件事。"

"听到什么声音？"

"说话。我能听到人在隔壁说话，在楼下说话，甚至在我不知道的什么地方说话。"

"说的什么内容？"

"关于我。对我品头论足，指指点点，冷嘲热讽……"刘总哽咽了，"一开始我会在跟他们面对面时反复去确认，但是都没有，确认不了。没有一个人承认，或者有被'发现'的这种迹象和表现。"

"后来呢？"

"后来时间长了，我慢慢确定，应该就是我自己的幻听。但我就是控制不了，消除不了，我戴上耳机听歌都盖不住。直接就在我脑子里、耳朵里。太痛苦了……"

"这种幻听大概是从什么时候开始的呢？您年轻一些的时候，学生时代，有没有过幻听？家族里有类似情况吗？"

刘总摇摇头，表示自己没有家族史，人生中也没有过类似体验。如果要追溯的话，应该是从那次"出事"以后开始的。

他原本在公关部门工作，主管对接媒体这块。一次，因为在接受媒体采访时说错了话，差点因此断送了前途。

"后来，我被调离了原职。但我这辈子没认过输。我是自己从小城市奋斗考进名牌大学的啊,一路上勤学苦读,工作勤勤恳恳。我不想让别人说我是被'发配'到这儿的,是个混子。再加上,以前自己的老同学,也在一个行业。大家一个起跑线,现在人家事业有成……"

"这种重新证明自己的生活,感觉是怎样的?"

"累啊,太累了……"

"但是自伤会带来解脱吗?"

"我不知道是不是解脱,但是一种,转移,一种……肉体的疼痛好像很具体,看得见摸得着,而且能让我脑子里的声音消停一会儿。我知道这种做法不对,但我真的没有别的办法了。我还很怕万一哪天更严重了,我换了……刀之类,我就……"

"你想过自杀吗?"

"没有,我是家里的顶梁柱,我不能,也不敢。但我可能真的有点羡慕那些突然因心梗去世的人。"

"为什么呢?"

"怪不着任何人啊,死了也不会被说三道四,还很值得同情。"

"所以,死亡如果能不被负面评价,那死亡就是可接受的吗?"

这一句话,让刘总陷入了长久的沉思。

## 二、心理专家这样说

### 1."听"见的伤痛

因为在接受媒体采访时说错了话,差点因此断送了前途。

刘总的案例揭示了压力、创伤以及不良应对在心理层面产生的深远影响。作为一个曾经在职业生涯中一帆风顺的人,刘总一直以坚强和自信的形象示人。然而,突如其来的职业失误和随之而来的调动,动摇了他的自尊和自我认同。这一创伤性事件不仅让他感到羞辱和挫败,还在他内心深处埋下了恐惧和自责的种子。

随着时间的推移,刘总无法摆脱的自我怀疑,逐渐转化为持续的心理痛苦,最终在幻听和自伤行为中得到了具象化。他的幻听反映了他对外界批评和内心自责的恐惧,而自伤行为则成为他应对无法化解的内心痛苦的一种极端手段。这些行为不仅是他心理冲突的外在表现,更是他内心孤立无助和痛苦的象征。

### 2. 幻听的背后

幻听是一种无外界实际声音刺激的情况下,个体却感知到声音的现象。

刘总主要经历的是评论性幻听和对话性幻听,是在他经历了职业上的重大挫折后开始的。这一创伤性事件——在媒体采访中说错话,引发风波,并被调离原职——对他的自尊和职业认同带来了沉重打击，让他感到极度内疚和无助，这些情绪可能成为幻听的诱发因素。

刘总的幻听也可以被理解为他内在冲突的外化。他内心深处对自己职业失误的自责，以及对被边缘化的恐惧，无法得到有效的表达和解决，因此通过幻听的形式表现出来。这些幻听可能是他内心负面自我评价和社会压力的投射，幻听的内容正是他最害怕面对的——他人对他的指责和嘲笑。

在刘总的职业生涯中，他一直是一个勤奋、成功的典型代表，自我认同高度依赖于职业成就。然而，这次创伤性事件严重损害了他的自尊心，使他对自己的能力和价值产生了深刻的怀疑。这种自尊的崩塌也可能引发了幻听，幻听的内容反映了他对自身价值的持续否定。

刘总的幻听还与他的应对方式密切相关。为了应对职业创伤，他选择了通过隐忍和压抑情感来应对，这种不适宜的应对方式进一步加重了心理负担，最终导致了幻听的产生。如果他能在事件发生后及时寻求心理帮助，幻听可能不会发展到如此严重的程度。

### 3. 疼痛为什么会变成解脱

"……后来手腕好了，我就自己弄点伤口出来，比如，抽烟的时候烫一下，打火机烧一下什么的。"

自伤行为，即个体在没有自杀意图的情况下，有意地对自己的身体造成伤害。这种行为常常被误解，但实际上，它具有复杂的心理和情感根源，传达了深层次的痛苦和求助信号。

刘总的自伤行为与其工作失误后产生的深刻心理创伤和压力紧密相关。他试图通过自伤来缓解内心的痛苦、表达求助、寻找控制感和进行自我惩罚。自伤对他来说，很可能意味着：

**情感释放**。刘总在经历职业挫折后，积压了大量的负面情感。他无法通过正常途径宣泄这些情感，自伤成为一种直接的情感释放方式，暂时缓解了内心的压迫感。

**控制感**。在生活和工作中感到失控时，自伤行为让刘总找到了一种掌控感。他能够通过控制自伤行为来掌控自己的身体反应，弥补他在其他方面失去的控制感。

**自我惩罚**。刘总对工作失误感到深深的内疚和自责，自伤成为他表达自我惩罚和赎罪的一种方式。他认为通过自伤，他在为过去的错误付出代价。

**转移注意力**。自伤行为让刘总能够暂时从幻听和负面思维中脱离出来，找到片刻的宁静和解脱。这种行为成为他应对幻听和心理痛苦的短期策略。

**发出求助信号**。尽管刘总未直接向他人求助，但自伤行为是他无声的求救信号。他希望通过这种行为引起他人关注，期待得到理解和支持。

### 4. 憧憬死亡的隐喻

"但我可能真的有点羡慕那些突然因心梗去世的人……怪不着任何人啊，死了也不会被说三道四，还很值得同情。"

死亡的念头并不总是直接表达自杀的意图。在许多情况下，它可以是个体应对极端心理困境的一种象征性表达。死亡的念头反映了个体对当前生活状态的不满和无力感，以及对改变现状的强烈渴望。

对刘总而言，死亡代表了一种解脱，一种可以终结痛苦和压力的方式。他希望摆脱内心的折磨，但出于责任感，他无法选择自杀。羡慕因心梗去世的人，反映了他对一种"自然"解脱方式的向往，这种解脱不需要承担自杀的舆论压力和社会后果。

对因病去世者的羡慕，也映射出刘总**对现状的极度不满和无力感**。他的职业生涯受挫，心理创伤未愈，加之幻听和自伤行为的困扰，使他对生活失去了希望。死亡在他眼中成为一种对现状的极端反抗，表达了他对无法改变现状的绝望。

此外，这也反映出刘总**内心的激烈冲突**。冲突在于他在痛苦和责任之间的挣扎。他不愿放弃家庭和工作，但又无法承受当前的心理压力。死亡念头反映了他内心深处对逃离困境的渴望。

而刘总提到"死了也不会被说三道四，还很值得同情"，这表明他渴望获得他人的理解和同情。在当前的工作和生活中，他感到孤立无援，无法获得他人真正的理解。死亡在他看来是一种可以赢得同情和理解的极端方式，体现了他对情感支持的深切渴望。

## 三、自我评估与调节

### 1. 自伤倾向自测题

请根据以下选项选择最符合您当前状态的答案。

（1）您是否在工作中感到情绪难以管理？

A 从未（0分）

B 偶尔（1分）

C 有时候（2分）

D 经常（3分）

（2）您是否觉得自己的能力被低估或不被认可？

A 完全没有（0分）

B 偶尔（1分）

C 有时候（2分）

D 经常（3分）

（3）您是否有过伤害自己的念头？

A 从未（0分）

B 一两次（1分）

C 有时候（2分）

D 经常（3分）

（4）您是否有过刻意伤害自己的行为？

A 从未（0分）

B 一两次（1分）

C 有时候（2分）

D 经常（3分）

（5）工作面对巨大压力时，您内心的第一反应是？

A 设法提升质效（0分）

B 拖延逃避（1分）

C 情绪发作（2分）

D 想立马吃些重口味或增加烟酒摄入（3分）

（6）您在犯了较大错误的时候，必不可少的排遣是？

A 与人倾诉（0分）

B 独处（1分）

C 胡吃海塞（2分）

D 用身体上的痛苦来惩罚自己（3分）

（7）您是否觉得难与他人分享自己的真实感受？

A 不觉得（0分）

B 不需要分享（1分）

C 有时候（2分）

D 经常（3分）

（8）在童年时期，您是否经常被体罚？

A 从未（0分）

B 偶尔（1分）

C 有时候（2分）

D 家常便饭（3分）

（9）家人或同事做了错事，您的第一反应是什么？

A 感到失望（0分）

B 设法弥补（1分）

C 愤怒（2分）

D 惩罚对方（3分）

（10）当你对自己的表现感到失望时，你会如何应对？

A 努力向前看（0分）

B 苦痛自责（1分）

C 自我惩罚（2分）

D 需要沉溺于不良嗜好来自我麻痹（3分）

**评分标准与解读**

- 0-15分：目前自伤的风险相对较低。可以继续保持这种平衡。

- 16-25分：可能处于中等风险的区域。建议多关注自己的身心状况，进行自我调整，必要时可寻求专业帮助。

- 26-30分：可能有较高的自伤倾向，应引起重视，尽快寻求专业的心理辅导。

### 2. 自伤的自我调整

如果你发现自己有自伤的冲动，最重要的是，试着温柔地对待这个冲动，而不是简单地压抑或批判它。每一次冲动背后，都藏着一段未被表达的情绪，可能是愤怒、孤独，甚至是深深的无力感。

问问自己：我现在的情绪想告诉我什么？这份痛苦到底来源于哪里？给这些情绪一些空间，它们其实并不是你的敌人，而是需要被理解的部分。

**试着用其他方式表达自己的情绪。**写下你的感受，无论它们看起来多么混乱、不合理，或者用画笔涂鸦，把那些无法言说的东西化作某种具体的形状。有些人会选择运动，通过剧烈的活动来释放内心的压力。还有些人会选择冷水刺激，如用冷水洗脸、浸手，或者轻轻拍打皮肤，这些方式可以让你感受到身体的存在感，同时避免伤害自己。

另一个重要的方法是**给自己建立一个"延迟"的机制**。当你感到自伤冲动特别强烈时，对自己说："我会等五分钟。"在这五分钟里，去做一件能分散注意力的小事，如整理房间、听一首音乐甚至盯着窗外的天空发呆。五分钟后，问问自己，冲动是否减弱了一些。如果可以，再延迟五分钟，直到冲动逐渐消退。你会发现，冲动的强度其实并不是一成不变的。

最重要的是，**对自己保持耐心和温柔**。自伤的背后，是对自我的一种苛责，而这个苛责需要被缓慢地融化。试着告诉自己："我可以痛苦，但我不必伤害自己。"允许那些情绪流过自己，而不是用伤害的方式阻挡它们。你值得被温柔以待，哪怕是在最黑暗的时刻。

## 四、热点问题聚焦

**1. 自伤行为是否表示有严重的精神问题**

自伤行为并不总是意味着存在严重的精神问题,但它通常是个体在面对极度情绪困扰时的一种应对机制,是为了减轻情感痛苦或处理强烈情绪而采取的非自杀性行为。尽管自伤行为与精神健康问题有密切联系,但并不一定意味着自伤的人有严重的精神疾病。

**2. 自伤只是为了"刷存在感"吗**

一些人认为自伤仅仅是为了引起他人的关注或同情。其实,大多数自伤行为是个人深层的困扰和痛苦的外化,是个体对痛苦的一种应对方式,而不是他们想用这种方式"做给别人看"。因此,如果发现他人自伤,不应歧视。

**3. 出现幻听就代表这个人疯了吗**

有些人认为出现幻听等同于精神失常。幻听的确是精神分裂症的一种症状,但它也可以出现在其他心理健康问题中,如重度抑郁症、双相情感障碍、创伤后应激障碍等。幻听的出现确实可能提示有心理健康问题,但也可能是暂时受到压力、睡眠不足或药物影响等因素的驱动。重要的是综合考虑其他症状和个人情况。所以出现幻听并不一定意味着一个人失去了理智。如果出现幻听,一定要及时就医、规范治疗,千万不要讳疾忌医。

# 第二篇
# 人际交往

# 第一节 "真实"的妄想

## 一、心理咨询室里的故事 ——到底中了什么"毒"

吴主任坐在咨询室的沙发上,手指不停地在手臂上抓挠,脸上写满了疲惫。

"我这段时间真的受不了了,"他开口道,"能不能给我开点稳定情绪的药,再加点安眠药?我脾气控制不住,晚上也睡不着觉。"

咨询师抬头,注意到吴主任一边说一边忍不住浑身抓挠。"您这皮肤看起来很不舒服,是最近才开始的吗?"

吴主任停下手,稍显尴尬地回答:"是啊,老毛病了,皮疹、瘙痒,整个人都难受得要命。"

"这症状从什么时候开始的?"咨询师继续问道。

吴主任想了想,说:"一年多了吧。到处都看过了,还有浑身关节疼,就是治不好。其实也是皮肤科医生建议我来您这儿的。还说了好多次。"

"他反复建议您来做心理咨询,也有原因吧?"

"我觉得他就是推卸责任。皮肤病跟脑子有什么关系呢?荒唐嘛!"

眼见吴主任脾气上来了,咨询师给他端来一杯水,说:

"是啊,隔行如隔山。我跟您也就是聊聊。您说,身体不舒服有一段时间了,那,开始的时候有什么生活工作上的变化吗?或者是环境变化?"

吴主任放下杯子,想了想说:"那会儿,应该是我一个老战友调过来的时候吧。他刚好成了我的上司。那段时间单位比较……"

心理咨询师捕捉到其中的联系。"工作不顺?"

吴主任冷笑了一声:"那个人是我老战友。当年在部队,我可是大学毕业参的军。他就是到部队混日子的。结果兜兜转转的,现在,嘿,他成了我的顶头上司。"

咨询师点点头,继续引导:"那您和他在单位的关系如何?"

吴主任脸色一沉,语气中带着一丝愤怒:"开始就是能不见就不见,慢慢地就成了能折台就折台。我都不愿意跟外人说……"

然而几次咨询之后,随着信任和了解的逐步深入,最终吴主任还是主动向咨询师聊起了自己跟这位老战友之间的恩怨。

"这个人非常阴险,他知道我瞧不起他,知道他给我提鞋都不配,所以现在他就仗势欺人,搞'官大一品压死人'那一套。而且这他还不满足……"

"您具体觉得他还做了什么呢?"咨询师问。

吴主任咬了咬牙,压低声音说道:"我怀疑他在害我。具体怎么做我还不清楚,但是他很可能给我下毒了,或者用什么辐射害我。不然我这一身的皮肤病还有关节痛,为什么反反复复都查不出来,也治不好?!而且我有时觉得有人在跟踪我,可我找不到证据。"

"医生有没有查出这是中毒症状?"

"问题就在这儿!他这个人太狡猾了,能让医生随便就查出来吗?不可能的!"

"这一定让您很痛苦。"

吴主任点了点头,眼中闪过一丝无奈:"是啊,我快被逼疯了。我没法跟别人说,除非我找到实锤的证据。我现在白天夜里的,找一切机会留痕,装录音笔、摄像头,我不信就找不到蛛丝马迹!到时候我要让所有人看到他是个什么东西!我要去揭发他!"

## 二、心理专家这样说

### 1. "此恨绵绵无绝期"

吴主任表现出明显的妄想性障碍症状。他怀疑自己的上司在暗中迫害他,包括下毒、用辐射伤害他,甚至跟踪他。这些妄想虽然没有具体的证据支持,但在他看来却非常真实,甚至影响了他的日常生活和工作。这种类型的妄想通常与强烈的不安全感和长期的压力有关。

嫉妒是吴主任内心深处的重要情感来源。他认为自己曾经的战友能力不如他，但现在却成了他的上司，这让他感到极度不平衡。这种嫉妒感在他心中积累，逐渐演变为敌意和妄想。吴主任对老战友的成功感到不满，认为这对自己是一种不公正的打击，这种内心冲突加剧了他的妄想症状。

吴主任的皮疹、瘙痒和关节疼痛等身体症状，很可能是心理问题的躯体化表现。这些症状没有明确的生理病因，可能是长期的心理压力和焦虑导致的。他的身体症状与妄想性障碍相互交织，使得他更加确信自己正在被害，从而陷入一个恶性循环。

吴主任在脾气控制上的困难，以及对同事的不满，表明他的社会功能已经开始受到影响，而他的情绪失控可能进一步加剧了他的人际关系紧张。

**2. 妄想不等同于胡思乱想**

"他很可能给我下毒了，或者用什么辐射害我。不然我这一身的皮肤病还有关节痛，为什么反反复复都查不出来，也治不好？！而且我有时觉得有人在跟踪我，可我找不到证据……他这个人太狡猾了，能让医生随便就查出来吗？不可能的！"

妄想性障碍是一种以一个或多个妄想为核心特征的精神疾病。这些妄想通常是高度系统化的，并且持续时间较长，个体往往坚信其真实性，尽管这些妄想可能与现实明显不符。

这些妄想通常具有以下特点：

系统化。妄想是连贯、系统的，不像思维混乱或幻觉型精神疾病那样杂乱无章。

强烈的信念。坚信妄想的内容，即使有反驳证据，他们也难以改变这种信念。

缺乏其他精神症状。除了妄想外，在日常生活中的思维、情感和行为相对正常，且社会功能保持较完好。

妄想性障碍和胡思乱想看似相似，但其实是两种截然不同的心理现象。前者像是一座牢固的堡垒，建造在无形的恐惧或执念之上，无论外界如何试图拆解，它都屹立不倒。而后者更像是天边飘过的浮云，时而浓厚，时而轻散，虽然带来短暂的阴影，但最终会随风而去。

妄想性障碍的显著特点，是一种深信不疑的执着。它的力量在于"真实感"，真实到让人无法置疑。比如，一个人可能坚信自己被监视、跟踪，哪怕事实证明没有任何人对他感兴趣，他仍旧认为"证据被隐藏了"。这不是简单的多虑，而是一种由内心深处生发出来的确信，坚不可摧。甚至，越有人试图反驳，这种妄想就越坚定。它让人陷入一种孤立无援的状态，因为在妄想的世界里，敌人无处不在，真相却触不可及。

而胡思乱想，则是我们每个人都会经历的小插曲。你会因为一个无关紧要的眼神，担心自己是不是说错了话；会因为某个还没到来的会议，想象各种糟糕的结局。但这些念头，往往是跳跃的、不稳定的，它们像是在自我保护的机制下，为未来做一些过度的假设。然而，当我们静下心来，或者跟朋友聊一聊，这些胡思乱想就会逐渐淡去。因为在本质上，胡思乱想是可以被逻辑和现实击破的，它不那么固执。

妄想性障碍会剥夺人对现实的判断力，而胡思乱想不会。胡思乱想的人，通常还能意识到自己是"想多了"，会笑着对自己说"别这么多戏"。但妄想性障碍的人，则完全被自己的世界包围，他们觉得别人不懂他们、否定他们，甚至是敌视他们。这种孤独感，让他们越发退缩在自我的世界里，拒绝他人的善意。

### 3."妒火"从何而来

"他就是到部队混日子的。结果兜兜转转的，现在，嘿，他成了我的顶头上司……他知道我瞧不起他，知道他给我提鞋都不配……"

从心理学角度来看，嫉妒心理几乎是每个人都会经历的心理现象。然而嫉妒虽然常见，却需要我们每一个人对其进行科学的管控。

嫉妒是一种正常的情感反应，尤其在面对权力和地位的差距时。心理学上称这类情绪为"次级情绪"。"次级情绪"通常源自更深层的"核心情绪"，如自卑、焦虑或愤怒。吴主任首先需要通过情绪识别，意识到嫉妒背后的"核心情绪"，接受这些情绪的存在，而不是试图压抑或否认。

在心理学上，嫉妒的核心情绪通常可以归结为恐惧和愤怒。它可能来源于担心自己会失去某些珍视的东西，或者是害怕自己在别人眼中不如其他人那么好。同时，嫉妒的深处充满了愤怒。别人得到了自己想要的东西，尤其是自己本应该得到的东西，常常会引发一种愤怒感。这种愤怒并不只是针对别人，而更多的是对自我的不满，觉得自己被忽视了，或是感觉自己在竞争中处于劣势。

因此，嫉妒不仅仅是简单的情感反应，它深藏着对自我价值、对安全感的担忧和对公平的强烈诉求。面对嫉妒这种情绪时，提升自我效能感可以发挥重要作用。

自我效能感，指的是个体对自己能够成功完成特定任务的信心。当我们提升自我效能感时，会开始对自己的能力和潜力充满信心，而不是过多地将注意力集中在别人获得的成就上。这种转变会使我们能够从内心深处停止与他人的过度比较，减少那种"被威胁"的感觉，而把更多的精力放在自我成长和进步上。

一个人对自己在特定情境下成功执行某种行为的信念会直接影响其动机和行为表现。吴主任可以通过设定小的、可实现的目标，逐步增强自己的自我效能感。当他感受到自己的能力提升时，嫉妒情绪自然会减弱，因为他会开始相信自己有能力在职业生涯中取得进展、自我实现。

另外，人们往往通过与他人比较来评估自己的能力和地位。但过度的向上比较（即与比自己更成功的人比较）容易导致嫉妒和自卑。吴主任可以调整自己的社会比较方式，更多地关注"向下比较"或"横向比较"，即与自己过去的成就相比，或与在相似职位的同事相比。这种调整有助于他发现自身的进步，减少对他人成功的过度关注。

**4."心结"无小事，求助要及时**

吴主任的经历是一个重要的警示。尽早识别并正视内心的情绪问题是关键。嫉妒是一种正常的情感反应，但如果它开始影响你的健康、家庭和工作，寻求帮助就是必要的。不要等到问题积累到无力应对时才寻求专业帮助。

向心理专家求助并不是软弱的表现，而是对自己健康和职业负责的积极行动。及早进行干预，不仅可以减轻嫉妒带来的压力，还能帮助你更好地应对挑战，保持心理健康，从而更好地履行自己的职责。

## 三、自我评估与调节

### 1. 妄想性障碍自测

请根据过去两周内的感受和经历，回答以下问题。每个问题的回答范围从"完全不符合"到"完全符合"。

完全不符合（0分） 不太符合（1分） 中立（2分） 比较符合（3分） 完全符合（4分）

（1）我经常感到自己被他人秘密监视或跟踪。

（2）我怀疑同事或亲友在暗中策划对我不利的事情。

（3）我相信有人故意在工作上制造障碍来影响我的表现。

（4）我认为他人对我有特殊的敌意，并在背后说我的坏话。

（5）我觉得有些人试图通过隐秘的方式对我造成伤害。

（6）我经常感到自己受到不公平的对待，别人故意刁难我。

（7）我相信有特定的人或团体在积极破坏我的名誉或工作。

（8）我发现自己很难相信别人对我表达的善意，总觉得他们有隐藏的动机。

评分标准与解读

0~8分：低风险。你的妄想症状较轻，不容易对生活造成重大影响。

9~16分：中等风险。你有一些妄想症状，但它们可能不会严重影响你的日常生活。

17~24分：高风险。你存在明显的妄想症状，这可能会影响到你的工作和社交生活。

25~32分：极高风险。你的妄想症状可能严重影响日常生活和人际关系，建议立即寻求专业心理帮助。

## 2. 社会比较的调整方法

> 社会比较理论表明，人们通过与他人比较来评估自我，但过度的向上比较容易导致嫉妒和自卑。那具体可以怎么做呢？

**向下比较**。指的是将自己与在类似背景中处于相对较低位置的人进行比较。这种比较能够帮我们看到自己相对于其他人群的优势。

**横向比较**。是指与有着类似职位或背景的同事进行比较，以更客观地评估自身表现。比如，可以关注同行业、同领域的同事或专业人士的表现和成功案例，了解他们面临的挑战和解决方法。这种比较能够帮助我们设定切实可行的职业目标，并从他人的经验中获得启发。在团队内部，可以与处于相似职位的同事交流，了解他们的工作经验、职业发展和应对策略。这有助于认识到自己在团队中的角色和贡献，同时也找到提升的方向。

**自我反思**。即对自己经历和成长的系统回顾，以增强自我效能感和满足感。比如，可以定期记录自己的工作成就、技能提升和成功案例。这种记录能够帮助可视化自己的成长，增强对自身能力的认可。定期进行自我评估，考虑自己在目标达成、技能掌握和职业发展方面的进展。设置阶段性目标并评估达成情况，以关注自我成长而非他人成功。

科学地设定个人目标。比如，可以将焦点放在自己的发展上，而不是仅仅关注他人的成就是否高于自己。具体来说，应设定具体、可衡量、可实现、相关性强和有时间限制的目标。例如，设定一个季度内完成特定项目的目标，或者提高某项技能。然后要为实现这些目标制订详细的行动计划，包括必要的步骤。这可以保持对自己进步的关注，并将精力集中在个人成长上。

## 四、热点问题聚焦

### 1. 向下比较，不就是"阿Q精神"吗

向下比较和"阿Q精神"都是人们应对自我不满或挫折的一种心理策略，但它们在表现形式和心理机制上有明显的不同。向下比较的目的是通过看到自己比别人处境更好，来获得一种相对的满足感和自信心。而"阿Q精神"则往往指的是通过自我安慰、自我欺骗来对自身处境营造出虚假乐观或对他人境遇进行讽刺和贬低。虽然两者都涉及心理上的自我调适，但它们的出发点和方式存在明显区别，二者获得的收获也有明显不同。向下比较的最终结果是使人更积极、更自信，而"阿Q精神"则只会使人更麻木、不求进取。

### 2. 怎么知道自己是妄想性障碍还是真的有人在暗害自己

妄想与真实的危险有时候确实很难区分。通过一些方

法，你可以初步判断一下自己是否可能存在妄想性障碍。

妄想性障碍的核心特征是持续的、固定的错误信念，即使有明显的证据反驳也无法改变。检查自己是否坚持某些信念，即便周围人和现实证据都显示这些信念是不准确的。

妄想性障碍的妄想通常缺乏逻辑性和现实依据。所以可以考虑自己对受害的怀疑是有合理的解释和证据，还是单纯基于无实际依据的猜测。

妄想性障碍会显著影响日常功能和人际关系。可以评估一下这种怀疑是否使你在工作、家庭和社交活动中遭遇困扰和障碍。

还可以咨询可信赖的朋友、家人或同事，听取他们的意见。第三方的观点可以帮助你从不同角度看待自己遇到的问题，提供客观的反馈。

另外，也可以记录下你感到被暗害的具体事件和迹象。系统地记录这些事件，并尝试寻找客观证据来支持或反驳这些怀疑。反思自己在这些时刻的思维模式。是否有过度的怀疑、对他人行为的过度解读或者对无关事件的错误归因？还要注意自己的情绪变化和行为模式。妄想性障碍常伴有情绪不稳定、焦虑、紧张等问题。如果这些情绪持续影响你的生活，可能需要寻求专业帮助。

## 第二节 "严格要求"还是"精神控制"

### 一、心理咨询室里的故事 ——绝望中求生

何总坐在心理咨询室的沙发上,神情沉重,眼中透出疲惫和困惑。他这辈子也没想过自己居然会坐在心理咨询室里。

"这真的对我是个巨大的震动。我不是那种'严以待人,宽以律己'的双标领导,我对自己也很严格,甚至更严苛啊!现在的年轻人怎么就这么脆弱呢?我年轻的时候,我的领导比我现在可厉害多了,严多了,而且那时候条件还没有这么好,我们不也都是这样过来的吗?怎么现在就……弄出这种事,我真的不明白。"

要不是经历了下属自杀未遂,何总这辈子也没想过自己会坐在心理咨询室里说这些话。

心理咨询师耐心地问:"您能具体讲讲,您对下属是怎么要求的吗?"

何总的脸上露出一种非常想获得认同的急切:"我定目标、做计划,然后验收啊,哪个领导不是这么当的呢?难道'踩西瓜皮、溜滑梯'吗?我也要完成公司的任务啊!"

"那下属做得怎么样呢?您是如何给他们回应的呢?"

何总不屑地撇撇嘴。"没一个能做到位的。真没有!有个别稍微好点的,也不能让他们翘尾巴。"

咨询师试探道:"您的下属很容易骄傲自满吗?"

"这帮人,大都是技术专家型,一个个的自命清高得很。我不压着点,都有主意着呢!不好管。一人一个主意。你不知道,只有让他们觉得自己不行,永远指出差距在哪儿,才能让他们有敬畏之心。不然我这个领导还怎么当?我们这个行业就这特点,人人都是高学历,觉着我是外行管内行。那我更要严格,你看这二十多年我做出多少成绩!这次就是……说难听点,倒霉。遇上个玻璃心的,差点儿跳楼,这就把我也给害了。干不了早点走了不就完了吗?"

咨询师听出,下属自杀未遂这件事带给何总的影响似乎是愤怒多过自责。

喝了口水,何总接着说:"我这辈子带过无数人,这种管理方式从来都只有硕果累累。"

"您平时了解过下属的感受和心态吗?"

"成年人的世界没有容易的。谁又来了解我呢?感受不重要。"

咨询师心说:但是下属的敬畏之心似乎就很重要。然而为了不在现阶段造成抗拒和冲突,她没说出来。咨询师决定先慢慢观察,到以后时机合适时再说。

经过几次咨询之后,咨询师慢慢了解到,这位何总不仅贬低、控制下属,而且还独断专行,用不合理的绩效统计来实现自己的权力扩张，操纵下属的评级与发展。

随着信任的建立和了解的深入，这一天，他们终于聊到了这里。

"有个问题您不用着急回答。就是，这种压制型的管理，是否可能有两个功能，一是推动事业发展，二是实现对人的控制？二者如果兼而有之，会不会有时候一个多过另一个？"

这个问题让何总陷入了长久的沉默。

## 二、心理专家这样说

### 1. 栽培下属还是控制下属

"我不压着点，都有主意着呢！不好管。一人一个主意。你不知道，只有让他们觉得自己不行，永远指出差距在哪儿，才能让他们有敬畏之心。不然我这个领导还怎么当？我们这个行业就这特点，人人都是高学历，觉着我是外行管内行。那我更要严格，你看这二十多年我做出多少成绩！"

何总对下属的高压管理方式，反映了他对控制的强烈需求。这种需求背后往往是对自身能力和地位不确定感的掩饰。他通过严格的要求和批评，试图保持对局面的掌控，确保自己在管理岗位上的地位不被动摇。这种方式虽然能暂时增强他的权威感，但长此以往会导致下属的压力过大，甚至产生反感与抵抗情绪。

"这种压制型的管理,是否可能有两个功能,一是推动事业发展,二是实现对人的控制?二者如果兼而有之,会不会有时候一个多过另一个?"

何总有意让下属感觉自己永远达不到要求,这种行为带有明显的 PUA(Pick-up Artist)特征。他通过不断贬低下属,来强化他们的自卑感,使他们对他产生依赖。这种行为不仅是对下属心理的压制,更是为了维持他在权力关系中的优势地位。然而,这样的领导方式容易导致下属的心理健康问题,甚至诱发极端反应。

在心理咨询中,何总表现出对下属自杀未遂事件的愤怒,而非反思和自责。这种反应体现了他的自我合理化倾向,即将问题归因于下属的"玻璃心",而忽视了自己的管理方式可能存在的问题。他通过这种方式避免面对自己的错误,逃避对事件的责任。

"成年人的世界没有容易的。谁又来了解我呢?感受不重要。"

何总认为"感受不重要",这一观念表明他在管理过程中很可能严重忽视了下属的情感和心理需求。他将工作成功置于首位,却未能意识到下属的心理状态对工作绩效的重要性。缺乏对下属情感的关注,往往会导致团队氛围紧张,工作满意度降低,进而影响整体工作效率和效果。

"干不了早点走了不就完了吗?"

何总在面对下属的反应时,表现出明显的防御机制。他通过强化自己的管理方式，来避免面对这种管理方式的缺陷。他的高压管理和对下属的控制，不仅是为了维持其权力和地位，更是为了掩盖自己内心深处的恐惧与不安。

### 2.害人害己的PUA

在本案例中，何总虽然不自知，但他其实一直在对他的下属进行PUA。那什么是PUA呢？

PUA，原意是一种约会技巧，后演变为通过系统性地贬低、否定和压制他人的自尊心和自信心，让对方产生依赖和顺从，从而对人进行控制的一种手段。

一般来说，PUA很容易跟"为你好"相混淆。可以通过一些典型的特征来识别自己有没有在PUA别人或被别人PUA。

**控制信息和反馈。**施加PUA的人可能会控制他人对信息和资源的获取，限制他人进行信息交叉比对、进行独立判断，从而保持对他人的控制。同时施加PUA的人还可能会孤立他人，减少他们与其他社交圈子的互动，使他们更加依赖于自己。

**设置不切实际的期望。**施加PUA的人往往会设定难以实现或模糊的目标和标准，致使他人无论如何也无法满足要求，目的是保有随时对他人进行批评和指责的权利，从而对他人的自我评价进行改造和控制。

**贬低与否定。**施加PUA的人往往通过不断贬低和否定他人的表现来维持自己的权威和控制地位。例如，对下属的工作不断挑剔，即使下属做得很好也要找出问题。这样的批评往往指向人的性格、弱点、智商、能力等特质，批评完之后较少给出建设性的意见，且容易无视对方的实际努力或成就。

**制造依赖。**施加 PUA 的人通过让他人感到只有在自己的指导和认可下才能获得成功，从而增强他人对自己的依赖。

**情感操控。**施加 PUA 的人可能会通过情感操控来施加压力，以控制他人的行为，例如通过贬低他人的能力来让其感到自卑、无助，从而影响其决策和表现。

**利用权威制造恐惧。**施加 PUA 的人可能会利用自己的权威来制造恐惧，使他人不敢反抗或提出异议。

长期遭受 PUA，会对人造成多方面的负面影响，尤其是在心理和情感层面。

**自我价值感降低。**长期被 PUA 会使人质疑自己的能力和价值。由于不断被贬低和否定，他们可能逐渐认为自己确实不够好，难以胜任工作或达成目标。这可能导致被 PUA 者出现自卑感、缺乏自信，甚至在职场和生活中丧失动力。

**情感依赖。**被 PUA 的人可能逐渐变得依赖于施压者的认可和指导，因为他们会越来越相信自己无法独立完成任务或决策。这种依赖关系使受害者难以脱离控制，并导致他们在工作和生活中失去自主性。

**行为改变**。被 PUA 的人可能会开始改变自己的行为模式，以避免遭受进一步的打击或贬低。例如，他们可能变得更加顺从、服从，害怕冲突。这种行为改变可能会削弱他们的自主性和创造力。

**心理健康问题**。长期被 PUA 还可能导致严重的心理健康问题，如创伤后应激障碍、慢性焦虑、抑郁，甚至自杀倾向。这些问题不仅影响个人的生活质量，还可能需要长期的心理治疗和康复。

**职业发展受限**。在被 PUA 的环境中，个体可能无法充分发挥自己的能力，因为他们不断被否定，缺乏积极的反馈和成长机会。在这种情况下，被 PUA 的人可能在职业上停滞不前，失去晋升机会或错过职业发展的关键时机。

**人际关系受损**。被 PUA 的人往往会被孤立，与原有的社交圈子疏远，导致其社会支持系统减弱，使其在困境中没有足够的支持，进一步加深其孤立感和无助感。

回到本案例来看，何总的下属之所以差点轻生，很可能是跟受到长期的 PUA 有一定关联。然而 PUA 是否只对受害者产生不良影响呢？

其实，PUA 的施害者，往往也会自受其害。案例中的何总，在对下属长期进行 PUA 的过程中，自身也会因此受到多方面的负面影响。

首先，**人际关系的恶化**是最直接的后果。何总通过不断打压和贬低下属，制造出一种下属永远不够好的氛围，导致团队内部的信任和团结被削弱，甚至完全丧失。虽然他可能在短期内通过这种手段维持了权威，但从长远来看，这种做法会导致下属对他的抵触、敌意和疏远。

其次，心理压力的增加也是不可忽视的。尽管何总表面上通过控制下属感到安全、有掌控力，但长期依赖PUA手段进行管理，他可能会陷入一种不断自我强化的负面循环中，即对下属的不信任感会越来越强，对控制的需求也会不断加大。这种内在的紧张和不安会导致他自己心理上的压力逐步累积，甚至引发焦虑、失眠等健康问题。

最后，事业的发展和成功在很大程度上依赖于团队的支持和执行力，而不是单打独斗。如果何总长期通过PUA手段管理下属，他的团队士气和创造力都会受到抑制，很可能导致工作绩效下降，事业发展受阻。我们需要的是能够带领团队取得实绩、善于带队伍的管理者，而不是通过打压下属、控制下属来维持表面稳定的人。

### 三、自我评估与调节

#### 1. 是否陷入PUA的自测题

答题分值：

从不（0分）偶尔（1分）经常（2分）总是（3分）

（1）您是否经常感到自己不够好或不够聪明，无论多么努力都无法达到对方的期望？

（2）您是否发现自己越来越依赖对方的认可和肯定来获得自我价值感？

（3）对方是否经常用贬低、嘲讽或冷漠的态度对待您的观点和意见？

（4）您是否常常感到困惑或内疚，认为问题出在自己身上，即使对方的行为明显不合理？

（5）对方是否会在您提出自己的需求或不满时，立即转移话题或把问题归咎于您？

（6）您是否感到在与对方相处时越来越缺乏自信，甚至失去了对自己的信任？

（7）对方是否会在发生争执后进行冷处理，直到您妥协或道歉？

（8）您是否感到自己的社交圈或与家人、朋友的关系逐渐疏远，更多时间和精力都花在了对方身上？

（9）对方是否经常以"为你好"为名，限制或控制您的行为、选择或生活方式？

（10）您是否觉得在与对方相处时，自己的情绪和精神状态比以前糟糕，甚至出现了焦虑、抑郁等症状？

评分标准与解读

0~9分：您可能没有遭遇PUA，但需要注意是否在某些特定情况下感到不适或被压制。

10～15分：您可能正在遭遇一些轻微的PUA行为，建议多关注自己的情绪和自我价值感，并尝试与对方沟通。

16～25分：您可能正处在PUA的影响之下，建议认真评估自己与对方的关系，并考虑寻求帮助或咨询心理专业人士。

26～30分：您可能正遭遇严重的PUA行为，这种情况可能已经严重影响到您的心理健康，强烈建议立即寻求专业帮助，重新审视这段关系。

### 2. 遭受PUA时的自我调适

> 如果你正在经历PUA，可以试着从以下几个方面做一些自我调适。

通过自我反省和心理训练提高对操控行为的觉察能力。了解操控者的常用手段和心理策略，有助于你在实际情境中做出有效应对。

**设立界限**。明确你的个人界限和底线，并坚定地维护它们。无论是在职场还是其他关系中，都应清晰表达你的需求和底线，不让他人越过这些界限。

**调整认知**。挑战和改变操控者植入你头脑中的负面认知。认识到你是有价值的，不应该被他人的操控行为左右自己的情绪和自我评价。

**自我肯定**。定期进行自我肯定练习，增强自信心和自我价值感。可以通过积极的自我对话、设立个人目标和庆祝小成就来提升自我认同感。

**情感距离**。在面对操控行为时，尽量保持情感距离。避免让操控者的言辞或行为过多地影响你的情绪。学会从客观的角度看待问题，而不是被他人的控制牵引。

**使用"我"字**。在沟通中使用"我"而非"你"开头，可以减少对方的防御心理，并更有效地表达自己的感受。例如，"我感受到了不公平的对待"比"你总是对我不公平"更容易被接受。

**保持冷静**。面对操控者的挑衅或批评时，尽量保持冷静和理性。避免情绪化回应，这样可以减少对方操控的机会，同时也能帮助你保持心理稳定。

**寻求证据**。当感到被操控时，尽量记录和收集证据。这些证据可以帮助你在需要时进行自我反思或寻求外部帮助。记录下操控行为的具体细节，分析其对你的影响。

## 四、热点问题聚焦

### 1. 被PUA的人都是"玻璃心"吗

被PUA的人并不一定是心理脆弱或"玻璃心"。PUA是一种隐蔽且有时非常复杂的操控方式，它可以影响各种类型的人，不论他们的心理状态或性格如何。PUA施加者通常利用情感需求、职业压力或社会地位等因素，实施细致的、渐进式的操控策略，使人难以察觉和反抗。被 PUA 的人可能会经历情感依赖、低自尊或自我怀疑等状态，但这些反应更多是对操控环境的适应和反应，而非个人本身的心理脆弱。即使是心理韧性较强的人，也可能会在面对长期的操控和压力时表现出脆弱和依赖的情感状态。

此外，被 PUA 的人对此的应对能力和反应受到多种复杂因素的影响，包括个人经历、环境因素和社会支持等。因此，将遭受 PUA 者的应对反应归咎于心理脆弱是不准确的。

## 2. PUA 只发生在职场或感情关系中吗

PUA 并不仅仅发生在职场或感情关系中，虽然在这些领域中较为常见。PUA 的现象可以广泛存在于各种社会互动中，甚至公共场合。施加者可能通过操控他人的情感、认知和行为，来满足自己的需求或达到某些目的。这种操控行为涉及心理上的操控和影响，并不限定于某一个场合或关系类型。

在家庭中，PUA 可能表现为控制和操控家庭成员的情感和决策，以维持个人的控制力；在社交圈中，施加者可能通过让某些人感到不安或依赖来维持社交优势地位；在公共场合，施加者可能利用公众的心理趋向或情感需求，对他人进行操控或影响。因此，PUA 是一种在很多领域存在的心理操控现象，不受限于特定的关系或环境。

## 第三节　抑郁可不是矫情

### 一、心理咨询室里的故事 ——"玻璃罐"中的囚鸟

在心理咨询室的宁静氛围中，这位外企的财务主管慢慢坐下，深深叹了一口气，显得极为疲惫。他的面色苍白，眼神黯淡，仿佛一切的活力都被生活中的重压榨干。

"最近，我真的感觉越来越撑不住了，"他低声说，声音里透着无力，"每天早晨醒来，我都得鼓足全身的劲儿才能下床。工作已经完全提不起精神，喘气都累，总觉得一切都没有意义。"

咨询师轻轻点头，示意他继续说下去。

"所有我原本喜欢做的事，都完全没有意思了。我也不记得上次好好吃饭是什么时候了，吃什么都觉得没胃口，甚至吃点东西都不消化，胃一直疼。医生说我有严重的胃溃疡，但我知道，这都是因为我晚上根本睡不着，靠安眠药才能勉强合眼。"他的语气中带着深深的无奈与痛苦，"我还不敢站在高的地方，因为一站上去我就会忍不住地想象自己跳下去会有多痛快。但我没试过，也不敢想。家里上有老下有小，还有两个孩子需要我撑着。"

咨询师仔细观察着他的表情，慢慢引导："您一直在说自

己撑不住,那是什么让您感到如此痛苦呢?"

这位高管沉默了片刻,似乎在斟酌该如何开口,最后他深深吸了一口气,说:"我吧,就像是被罩在玻璃罐中的囚鸟,什么都看得见,但哪儿都去不了……我很清楚,这些年能够有今天的地位,全靠一个老领导的栽培和信任。他大我很多,但和我碰巧在同一个国家同一所大学留学,我入职公司后,他就一路关照我、栽培我,我对他也是又敬又怕。从某种程度上说,他就像我的精神导师。但也就是因为这种关系,我一直都在帮他做很多事情。一开始是他的一些私事,没什么大不了的,都是些家庭琐事,帮忙也在情理之中。"

他停顿了一下,眼神中闪过一丝苦涩:"但后来,各种各样的事都来了,越来越复杂,越来越模糊了界限。有些事情很危险……我知道不该做,可他总是找各种理由,让我觉得不帮忙就是不知感恩。而且,他马上可能要高升了,我根本不敢得罪他。"

咨询师察觉到他的内心挣扎,温和地问道:"这些事情让您感到压力很大,对吗?"

"是的,压力大得让我喘不过气来。"他低下头,声音几乎是喃喃自语,"我现在越来越害怕。我不知道该怎么形容。那个老领导已经早就不是我认识的那个可敬的人了,他变得越来越阴险、贪婪,我也在变得越来越……面目全非。"

咨询师耐心倾听,点头回应:"听起来,您对目前的状况有很深的忧虑。那您有没有想过,如何去改变这种局面呢?"

他露出了一丝苦笑,摇了摇头:"改变?说得容易。我现在走在一条越走越远的路上,已经很难回头了。他做事非常谨慎,所有事情都让我深度参与。我已经被绑在一条船上了,再也下不去了。"

咨询师柔声说道:"但是,意识到问题本身,就是改变的第一步。您已经认识到这条路的危险,那么接下来,您是否愿意尝试寻找一个新的方向?或许并不是为了立即改变现状,而是为了给自己找到一条出路。"

他沉默了很久,目光迷茫,但在咨询师的注视下,终于轻轻点了点头:"其实我也没有什么选择。因为再这样下去,我自己也知道,我撑不了多久了。我不能出事,至少不能死。我儿子刚上初中,女儿刚上幼儿园……"说着,他扭过头去擦眼泪。

## 二、心理专家这样说

### 1. "囚鸟"的困惑与矛盾

"每天早晨醒来,我都得鼓足全身的劲儿才能下床。工作已经完全提不起精神,喘气都累,总觉得一切都没有意义……所有我原本喜欢做的事,都完全没有意思了。我也不记得上次好好吃饭是什么时候了,吃什么都觉得没胃口,甚至吃点东西都不消化,胃一直疼。医生说我有严重的胃溃疡,但我知道,这都是因为我晚上根本睡不着,靠安眠药才能勉强合眼……我还不敢站在高的地方,因为一站上去我就会忍不住地想象自己跳下去会有多痛快。"

这位高管的心理困境首先体现在他的身份认同上。他清楚地意识到自己目前的地位和成就,很大程度上依赖于老领导的栽培与信任。然而,随着时间的推移,这种关系逐渐演变为一种沉重的束缚。他在内心深处知道,自己正在被迫参与一些自己不应参与的事情,但又因为对老领导的敬畏与感激,以及对未来前途的担忧,他无法拒绝。正是这种身份上的模糊和内心的深度矛盾,使他产生了强烈的内疚感和自我否定,认为自己正在失去原则。这种自我否定进一步加剧了他的抑郁情绪,削弱了他对抗压力的心理韧性。

这位高管的身体症状,如胃溃疡、睡眠障碍、食欲不振等,是其抑郁障碍的直接外在表现。长期处于高压状态,使他的身体状况急剧恶化,这又进一步加剧了他的心理负担,形成了一个难以打破的恶性循环。身体上的痛苦与心理上的煎熬互为因果,使他深陷其中,难以自拔。这不仅是他精神压力的躯体体现,也反映了他在面对道德困境与职业压力时所感到的无力与绝望。身体的不断恶化进一步削弱了他的心理韧性,使他更难以找到有效的应对策略。

在困境中,家庭的责任感成了他重要的心理支撑。他清楚地知道,自己是家庭的支柱,不能在这个时候出事。这种责任感在某种程度上维持了他的理智和生活的基本运转。然而，这种责任感也同时加重了他的心理负担。他不敢正视自己的困境，不敢寻求外界的帮助，因为他害怕一旦出现任何差错，自己将无法履行对家庭的承诺。这种矛盾使他陷入了更深的痛苦中：一方面他无法离开这个让他窒息的环境；另一方面他又被迫在责任感的驱使下，继续忍受这种痛苦。

在咨询师的引导下，这位高管表达了对改变现状的渴望，但也表现出深深的无力感。由于多重压力的叠加，他无法找到有效的应对策略。这种无力感让他越发焦虑和绝望，使他在日常生活和工作中感到疲惫和无助。然而，正如咨询师所指出的，意识到问题本身已经是改变的第一步，接下来关键是如何寻找解决的方向，哪怕只是微小的改变，也可能为他带来新的希望。

**2. 抑郁障碍不是"情绪低落"这么简单**

抑郁障碍是一种常见且严重的情绪障碍，它不是短暂的情绪低落，而是一种长期且较为顽固的心理疾病，对个人的日常生活、工作和社会功能都会造成显著影响，其表现形式多样，涵盖情感、认知、行为和生理多个方面。

**持续的情绪低落。** 抑郁障碍的最主要特征是长期、持续的情绪低落。有抑郁障碍的人往往感到深深的悲伤、绝望和无助，这种情绪无法通过日常的愉快活动得到缓解。情绪低落可能持续数周、数月，甚至更长时间。这种负面情绪不仅影响人的日常生活，还会使其失去对未来的希望，导致对生活的兴趣和热情逐渐消失。

**对日常活动失去兴趣。** 有抑郁障碍的人常常对以前感兴趣和喜欢的活动失去兴趣和愉悦感。这种兴趣的丧失不仅限于工作、爱好，还包括社交活动、家庭互动等。他们可能会表现出对生活的冷漠，难以从事任何需要主动参与的活动，甚至对日常的基本需求，如吃饭、洗澡等也缺乏动力。

**能量下降与疲劳感。** 有抑郁障碍的人通常会感到精力严重不足，常常表现为极度疲劳和无精打采。即使是完成日常的小任务也可能让他们感到疲惫不堪。这种持续的疲劳感不仅影响工作效率，还可能使他们无法正常进行日常活动，进一步加重他们的心理负担和自我评价的下降。

**自我评价降低。** 抑郁障碍通常伴随着严重的自我评价降低。有抑郁障碍的人往往对自己过度苛责，感到自己无用、失败或无价值。这种负面的自我认知会导致强烈的内疚感，他们可能会反复责怪自己，对过往的错误耿耿于怀，甚至将一些无关紧要的事情视为个人的失败。这种认知扭曲不仅加重了抑郁症状，还会使他们陷入恶性循环，难以自拔。

**注意力难以集中与决策困难。** 抑郁障碍还会影响人的认知功能，尤其是注意力和记忆力。有抑郁障碍的人可能发现自己很难集中注意力、记住事情或做出决定。思维变得迟缓，甚至在日常的决策中也会感到困惑和无助。这种认知障碍往往会影响到工作和学习，使他们感到更加无力和沮丧。

**失眠或过度睡眠。** 睡眠障碍是抑郁障碍的常见症状之一。有抑郁障碍的人可能出现入睡困难、早醒或睡眠质量差的情况,这使得他们无法通过睡眠恢复精力。同时,也有一些人会表现为过度睡眠,即使睡眠时间很长,也仍然感到疲劳和困倦。这种睡眠问题不仅影响了身体健康,也进一步加重了他们的情绪低落。

**食欲改变和体重波动**。抑郁障碍常常伴随食欲的显著改变。一些有抑郁障碍的人会出现食欲减退,导致体重下降;而另一些则可能会出现暴饮暴食的情况,导致体重增加。无论是哪种情况,食欲的改变和随之而来的体重波动,都会对他们的身体健康产生不利影响,并进一步影响他们的情绪状态。

**躯体化症状**。抑郁障碍不仅影响心理健康,还常常表现为各种躯体化症状,如头痛、胃痛、胸闷、肌肉酸痛等。这些症状通常没有明确的生理原因,但会给有抑郁障碍的人带来极大的身体不适和痛苦,进而加重他们的抑郁症状。这种身心互动的恶性循环,常常使得抑郁障碍的治疗更加复杂和困难。

**自杀意念与自杀行为**。在严重的抑郁障碍病例中,有抑郁障碍的人可能会出现自杀意念,甚至有自杀行为的风险。他们可能反复思考死亡、计划自杀,或采取自残行为。这是抑郁障碍最危险的表现,需要立即采取干预措施,以防止悲剧的发生。

## 三、自我评估与调节

### 1. 抑郁障碍的自我评估

根据最近两周内的情况回答,将所有问题的分数相加,得到总分。每个问题的评分:从"从不"(0分)、"偶尔"(1分)、"有时"(2分)、"经常"(3分)到"总是"(4分)。

(1)您是否常常感到情绪低落、沮丧或绝望?

(2)您是否很难感到快乐或满足?

(3)您是否对以前感兴趣的活动失去了兴趣?

(4)您是否觉得很难开始或维持日常活动?

(5)您是否出现了明显的失眠或过度睡眠?

(6)您是否有食欲增加或减少的情况?

(7)您是否经常感到自己没有价值或自责?

(8)您是否觉得自己无法完成正常的任务或工作?

(9)您是否感到精力不足或疲倦?

(10)您是否发现自己变得迟钝或动作缓慢?

(11)您是否难以集中注意力或做决策?

(12)您是否发现自己难以记住事情或学习新信息?

评分标准与解读

0~29分:可能存在轻微的抑郁障碍,但不一定需要专业干预。建议关注情绪变化,保持健康的生活方式,并进行自我调节。

30～39分：存在中度抑郁障碍。建议寻求心理咨询或专业帮助，以评估是否需要进一步干预。

40～48分：可能存在严重抑郁障碍。建议尽快联系心理健康专业人士进行全面评估和治疗。

**2. 抑郁障碍的自我调整**

在专业医生的帮助下，有抑郁障碍的人可以采取一些自我调整措施来辅助治疗，以下是一些有效的自我调节方法：

建立规律的生活作息。设定固定的起床和睡觉时间，并尽量每天保持一致，即使在周末也要遵守。这种规律有助于调整身体的生物钟，减少抑郁症状对睡眠的干扰。每天尝试在早晨或白天去晒晒太阳，这能帮助调整生物节律，平复情绪。

保持健康的饮食。选择富含维生素、矿物质和膳食纤维的食物，如新鲜水果、绿色蔬菜、坚果和鱼类。避免高糖、高脂肪的快餐和加工食品，因为这些食物会影响血糖水平和情绪稳定。饮水充足，避免过多咖啡因和酒精摄入，这些物质可能加重抑郁症状。

增加身体活动。每周至少进行150分钟的中等强度运动，如快走、骑自行车或游泳。运动时，心率提高，身体会释放内啡肽。这是一种自然的"感觉良好"激素，有助于缓解抑郁症状。运动后，可以感受到精力的恢复和情绪的提升。

**保持社交联系**。主动联系朋友、家人或支持小组，分享自己的感受和经历。社会支持对缓解抑郁症状至关重要，与他人保持联系可以减少孤独感，获得情感支持和建议。参与社交活动，哪怕是简单的交流，也能有助于情绪的改善。

**寻求兴趣和爱好**。参与自己感兴趣的活动或爱好，这可以提供愉悦感和满足感，有助于提升整体情绪状态。

**避免负面自我评价**。对自己要有积极的自我对话，避免陷入负面自我评价的循环。可以通过自我肯定和正向思维来挑战和改变负面想法。

**自我监测**。使用情绪日记记录每日的情绪波动和事件，帮助识别和理解情绪模式。记录自己的进展和挑战，可以提高自我觉察，帮助应对困难。定期自我评估抑郁症状的变化，可以使用抑郁自评量表或情绪日志。这有助于发现情绪的起伏，调整应对策略。如果症状持续或加重，应及时联系专业医生，以获得适当的调整和帮助。

## 四、热点问题聚焦

### 1. 我就有一点点抑郁症状，寻求专业帮助是不是小题大做

很多人错误地认为，只有在抑郁症状变得严重时才需要寻求专业帮助，轻度症状不必担心。这种看法忽略了抑郁症早期干预的重要性。

抑郁症通常从轻度情绪低落、疲倦、兴趣丧失开始。如

果这些早期症状不加以处理，可能会逐渐加重，影响生活和工作。轻度或中度的抑郁症状也可能导致身体症状，如食欲改变、睡眠问题和情绪波动，这些都可能进一步恶化。早期干预能在症状恶化之前提供支持和治疗。通过及时的心理咨询、认知行为疗法或其他治疗，可以有效减轻症状，改善功能。早期处理不仅减少了未来的痛苦，也降低了需要更复杂治疗的风险。

**2. 如果身边有人患了抑郁障碍，我可以通过对他讲述自己的烦恼来帮助他吗**

分享个人经历可能会对抑郁障碍患者产生一定的情感支持，但这种方法并非适用于所有情况，也不能替代专业治疗。

当你向亲友分享自己的痛苦经历时，可能会帮助他们感受到自己并不孤单。这种共鸣感有时能带来一定的安慰，并鼓励他们表达自己的感受。通过这种方式，患者可能会觉得自己被理解了，减轻了孤立感。

然而，每个人的抑郁体验都是独特的，分享个人经历未必能解决他们的具体问题。个人经历的分享虽然可以提供情感上的支持，但不一定能针对患者面临的具体困境提供有效的帮助。

最有效的方法还是提供倾听和情感支持，同时鼓励患者寻求专业的心理咨询或治疗。专业治疗能够提供系统的评估和干预，有助于解决抑郁障碍的根本问题。

### 3. 只有没吃过苦的人才会抑郁吗

抑郁障碍的发生是多因素交织的结果，不能仅仅归结为是否经历过苦难。

生物学因素在抑郁症的形成中起着重要作用。例如，基因遗传、脑部神经化学失衡、激素变化等，都可能使一个人相较他人更容易患上抑郁障碍。这些因素与个体是否经历过明显的生活苦难无关。

心理因素也很关键。个体的认知方式、情绪调节能力、早期生活经历以及性格特征等，都可能影响抑郁障碍的发生。

社会环境和生活事件同样对抑郁障碍的形成有影响。长期的压力、社会支持缺乏、生活中的挫折或持续的负面事件等，都可能成为抑郁障碍的诱因。

所以，对罹患抑郁障碍的人不应歧视，也不要妄自揣度其意志力与性格等个体特点，而应在力所能及的范围内对其给予适当的帮助。

## 第四节 真病还是假病

### 一、心理咨询室里的故事 ——领导眼中的透明人

初次见面，王女士高雅的气质和精致而得体的妆容给心理咨询师留下了深刻的印象。她举手投足间透着一股干练的气息，但眼神中却隐隐透露出一丝疲惫与压抑。

坐下后，王女士平静地说："我就想知道，我是不是有心理问题。因为不止一位医生怀疑我是癔症，都建议我来做心理咨询。"

王女士简单地交代了自己的来意后，咨询师耐心地询问起她的情况。随着谈话的展开，王女士逐渐透露出她内心深处的困扰。

原来，王女士在一家教育机构里是一位名校毕业的年轻有为的主管，凭借自己的努力与才华，一直在单位熠熠闪光。然而，她的工作却并非一帆风顺。最让她感到挫败的，不是繁重的工作任务，而是她与上级领导的关系。她的上级领导同样是一位女性，但这位领导对她总是表现出种种挑剔和不满。王女士一开始以为是自己能力不足，但无论她如何努力，似乎都无法赢得领导的认可。

"我每次提交的报告，她总能挑出各种问题，有时甚至

连标点符号都会被责备。我试图改进，但无论怎么做，她似乎总是不满意。"王女士的语气中夹杂着无奈与愤懑。

更让她难以接受的是，她有文艺特长，本可以在文化活动中"大展拳脚"，但这位领导却似乎在刻意压制她，不让她有任何展示才能的机会。每当本系统有文艺活动，王女士都被排除在外，连参与的机会都没有。

"其实无非就是唱唱歌，跳跳舞，为单位增光，可她就是不让我表现自己，"王女士说着，语气中充满了不甘，"我觉得她就是看不惯我，当我是个透明人，但我不服输。我相信自己可以用实力证明，我绝不比别人差。"

为了证明自己，她投入了更多的精力在工作中，甚至加班到深夜。但这种拼命的工作方式并没有带来预期的回报，反而让她的身体状况越来越差。渐渐地，她开始出现各种消化系统的问题：一吃点油腻的食物就腹泻，稍微多吃点就积食，胃胀难忍。可是她又不能饿着自己，因为一旦饿过了头，她就会出现低血糖的症状，头晕目眩，甚至站不稳。

更糟糕的是，随着时间的推移，她还开始频繁地出现一种奇怪的症状：全身麻木。

"感觉就像是身体变成了木头，没有了触觉，也动不了，耳朵里嗡嗡的，整个人被恐惧感淹没。整个过程持续时间有时几秒钟，有时一两分钟，而且出现的频率也越来越高。"每当工作压力大或者情绪紧张时，这种麻木感就会袭来。她试图通过药物缓解，但效果甚微，去做了各种检查，也查不出原因。

身体的不适与工作上的压力并非她烦恼的全部。最近，单位里开始流传一些关于她的流言蜚语。有人说她借口生病逃避工作。

"我觉得特别委屈和愤怒，我这么多年一直在认真工作，怎么可能是那种人？或者我根本就不应该在这儿，我应该去干点别的？"王女士的声音带着一丝不易察觉的颤抖。"为了澄清自己，也为了拯救我的身体，我去了很多医院，做了各种检查，但医生们都说我的身体没问题，最多也就是消化不良和紧张导致的头痛，吃药效果也有限，现在我根本没法正常工作，"王女士无奈地叹了口气，"我真的不知道该怎么办了。是不是我真的有心理问题？我真的不是装病，不是刷存在感，不是泡病号！我要是在您这儿也查不出问题，那我就真的完了。"王女士说着，努力不让在眼眶里打转的泪水掉下来。

## 二、心理专家这样说

### 1. 积郁成疾

王女士精致的外表下，是她隐忍的语调，是她内心深处正在经历着的一场艰难的心理斗争。她的诉求表面上是为了确认自己是否患有癔症，但实际上，她所面临的困扰远不仅仅是身体上的不适，更是内心的巨大压力与情感冲突。

王女士的消化系统问题，如腹泻、积食和低血糖，可能与她的心理状态密切相关。长期的心理压力和焦虑情绪可能导致自主神经系统失调，从而引发或加剧这些消化系统症状。这些身体症状不仅加重了她的心理负担，也进一步影响了她的生活质量和工作表现。而王女士描述的全身麻木、耳鸣和感觉消失等症状，特别是在情绪紧张和工作压力大的时候反复出现，则可能与癔症有关。

　　癔症常表现为无法用医学手段解释的身体症状，而这些症状通常与心理冲突或情感压力密切相关。王女士的症状符合典型的癔症表现，尤其是那些短暂的全身麻木感和恐惧感，可能是由潜在的心理压力引发的。

　　与上级领导的关系紧张，是王女士心理压力的主要来源。领导的挑剔和不认可，使她长期处于高压状态，导致她不断自我怀疑和情绪低落。这种情感上的挫折可能加剧了她的身体症状，成为癔症的触发因素之一。

　　在工作中感到不受重视，特别是她的文艺特长得不到展示的机会，这也打击了她的自尊心。她试图通过更努力的工作来证明自己，但却发现越是努力，反而遭遇越多的挫折。这种循环加剧了她的自我怀疑，导致内心的焦虑和不安不断积累。

　　单位里关于她的流言蜚语、负面的社交评价，无疑加剧了她的心理压力和自我防御机制。这些谣言让她感到被孤立和误解，增加了她的焦虑和愤怒情绪，进一步削弱了她的心理韧性。

### 2. 真真实实的癔症

癔症，现代医学中更常称为"转换障碍"或"分离障碍"，是一种精神障碍，可能会表现为身体功能的异常或缺失，但这些症状没有明确的生理原因，通常与心理因素密切相关。

有癔症的人，通常并非有意伪装症状，而是真实地感受到这些问题。癔症的症状多种多样，主要体现在身体功能的异常和心理反应上。具体表现有：

**身体运动功能障碍**。身体某一部分的瘫痪或无力，尤其是四肢。这种瘫痪通常不符合神经解剖学规律，且医学检查无法找到生理上的原因。

**感觉功能障碍**。身体某些部位感觉不到触觉或疼痛。比如，手部或脚部可能出现麻木感，但医学检查却未发现神经损伤。

**语言和沟通障碍**。比如，突然失去说话能力，即使能够理解别人说话，但自己却无法说话或发声。对身体进行医学检查，却无法解释这种失语症状。

**类似癫痫发作与情绪障碍**。表现为类似癫痫的发作，包括身体抽搐、意识丧失或不自主地运动。尽管这些症状类似癫痫，但脑电图检查通常显示正常。

**记忆和认知障碍**。选择性失忆，即忘记特定事件或个人信息。这种失忆通常与心理创伤或情感冲突有关。

**身体疼痛和不适。**可表现为身体各部位的疼痛，如头痛、腹痛等，但这些疼痛没有明确的生理基础，医学检查无法找到原因。

## 三、自我评估与调节

### 1. 癔症自测

请根据过去两周内的体验，回答以下每个问题。

（1）您是否经历了突然的身体症状（如瘫痪、失语、失明、麻木、肢体疼痛等），这些症状没有明显的医学解释？

0分：完全没有

1分：偶尔出现

2分：有时出现

3分：经常出现

4分：有，而且非常严重

（2）这些身体症状是否在您经历压力、心理冲突或情绪困扰之后出现？

0分：从没出现过

1分：偶尔出现

2分：有时出现

3分：经常出现

4分：非常严重

（3）您的这些症状是否影响了您的日常生活、工作或社交活动？

0分：完全没有

1分：有轻微影响

2分：有中等影响

3分：有显著影响

4分：有非常严重的影响

（4）您是否对这些症状过度关注，以至于对自己的身体状态产生怀疑与焦虑？

0分：完全没有

1分：偶尔有

2分：有时有

3分：经常有

4分：非常严重

（5）您是否在多次医疗检查中未能找到明显的生理原因，且症状依然持续？

0分：完全没有

1分：偶尔有

2分：有时有

3分：经常有

4分：有，而且非常严重

评分标准与解释

0~5分：您的症状较轻，可能没有明显的癔症特征。

6～15分：您的症状中等，可能存在一定的癔症特征。建议您进一步观察症状的变化，并考虑寻求心理咨询，以获得专业的评估和帮助。

16～20分：您的症状较严重，可能符合癔症的特征。建议尽快寻求心理健康专业人员的帮助，以进行详细评估和适当的治疗。

## 2. 如果认为顶头上司不喜欢自己，该如何自我调整

> 顶头上司不喜欢自己可能会引发不少困扰和压力。为了避免冲突并进行心理调适，可以从以下几个方面入手：

首先，尽可能**了解上级领导的期望和需求**。这包括他们的工作风格、优先事项以及对团队成员的要求。通过观察和沟通，找到领导关注的重点领域，并在这些方面展示自己的能力。这不仅可以让你更好地配合领导的工作，也能减少因不理解领导需求而产生的摩擦。

其次，在面对领导的不满或批评时，**保持专业态度**至关重要。尽量不要将个人情感带入工作中，避免在情绪上与领导产生对立。如果领导提出了建设性的意见，积极采纳并进行改进。如果批评过于苛刻，尝试从中汲取有用的反馈，而不是立即反击或产生敌意。有时候，领导的负面态度可能会对自信心造成打击。为了应对这一挑战，**提升自我认知和自信心**非常重要。专注于自己的长处和成就，避免过度关注领

导的负面评价。

**最后，与领导保持良好的沟通是避免冲突的关键。** 主动与领导沟通，了解他们对项目的想法和期望，及时汇报工作进展，并在遇到困难时寻求建议。这种积极的沟通方式可以帮助你更好地理解领导的思路，同时也能让领导看到你的努力和责任感，从而缓和可能存在的紧张关系。

如果与领导的关系让你感到极度压抑，可以**寻求同事、朋友的支持**。他们可以为你提供情感上的支持，并帮助你找到应对职场压力的有效策略。

有时，领导的态度可能并不是针对某个人，而是源于工作压力或性格差异。**调整对领导的期望**，接受他们并不一定会喜欢所有下属这一事实，可以帮助你从情感上获得解脱。尽量专注于自己的工作和职业发展，避免因为领导的态度而过度焦虑。

## 四、热点问题聚焦

**只有女性和过于敏感的人才会得癔症吗**

癔症并非只发生在女性和过于敏感的人身上。癔症是一种涉及心理和生理症状的复杂心理障碍，任何性别或性格类型的人都可能经历。虽然历史上癔症曾被认为与女性和"敏感"特质相关，但这种观念现在已经被认为是基于对心理健康的误解和社会偏见。

首先，癔症的发生与性别没有必然联系。男性同样可能经历癔症，只不过他们的症状可能会以不同的形式表现出来，只是社会文化因素或其他原因可能使他们不容易表达出来或被诊断为癔症。

其次，癔症并不专属于那些被认为"过于敏感"的人。虽然情感敏感性较高的人在面对心理压力时，可能更容易表现出癔症症状，但这并不意味着只有他们才会受到影响。癔症的发病往往与未解决的心理冲突、长期积累的情绪压力或创伤经历有关。这些因素可能在任何人身上引发癔症症状，无论其性格类型如何。

# 第五节　竟然不敢想象病好了的那一天

## 一、心理咨询室里的故事 ——莫名其妙的晕倒

"您有没有遇到过那种……怪病。就是……"

这位刚升任副主任的唐女士，在说起自己的困扰时，满脸都透着委屈、痛苦和羞愧。

"我有个晕倒的毛病。看过很多医生，换了好几家医院，都是三甲医院，就是查不出任何直接原因。但我真不是装的，我是真的眼前一黑，天旋地转的那种晕倒。最后不止一个医生，都让我来做心理咨询，好像我是精神病、骗子。"

听到这儿，咨询师连忙向她简单澄清了这些关于心理咨询的常见错误观念，并鼓励她继续说下去。"根据您说的，这些晕倒的发生，大多已经排除了生理原因，那么能说说晕倒时的情境吗？大多是在什么情况、情绪或者环境下发生？晕倒时是完全失去知觉吗？大概持续多长时间？"

唐女士平复了一下情绪，继续说道："好像都是在我比较激动、紧张的时候吧，大多是在单位。哦，在家也有过两回吧，跟我爱人吵架，好像是。我忘了。反正，晕倒的时候，有那么一会儿听不见声音，脑子发蒙，但很快，周围人照顾

一下，慢慢也就缓过来了。"

一边听，咨询师一边在脑子里过着各种可能的诊断。后又经过好几次的会面，慢慢地已经可以基本排除其他可能性时，咨询师开始将结论聚焦在"退行"上，而唐女士的述说也越来越清晰地呈现出事情的全貌。

原来，单位前阵子在进行部门领导选拔和考察，而唐女士所在部门的岗位竞争激烈。"我的竞争对手各方面能力和资历都跟我不相上下，个性也很强势。而我也是个要强的性格，对于这次机会也很看重，但人际关系上略逊一筹，就感觉自己被对手压了一头。时间长了，身体就开始吃不消了。"

"我第一次晕倒，是在跟她起冲突的时候。突然就眼前一黑，耳鸣了一下，就晕倒了。"

"当时大家对此有什么反应？"

"大家都被我吓着了。尤其是那个人，脸都白了。好像怕人说是她害我犯病的。然后从此她就不太敢跟我正面起冲突了。"

"那后来的发作呢？都是在什么情况下？"

"我大概就是那一次，落下病根了。以后只要是压力太大了，紧张、生气、委屈什么的，我都很容易晕倒。"

"有没有影响您的升职？"

"万幸，没有。而且最终提拔了我。可能我带病坚持工作，也打动了领导吧。我猜。"

"那之后您的症状有没有改善？"

"好了一阵，现在又不行了。"

"是工作压力又大了吗？"

"压力是大了一些，但我最头疼的不是工作，而是那个人开始向上级传我的小话。我们这么多年一起走过来，知根知底的，她要背后给我使绊子，我可真是防不胜防。现在弄得我精神高度紧张。一有重要任务或需要做决定时，大脑就会不由自主地想象最糟糕的结果。我就不得不反复检查、核对、纠结于细节，生怕漏掉什么。身体也开始又走下坡路，只要是被问话啥的，我就很容易发病。哎，这期间我到处求医，做各种检查，而且我还特别怕别人发现我来做心理咨询……别人会说我脑子出问题了、装病、心理崩溃……算了不说这个了，道理您都给我讲了。但是我真的很难。一路摸爬滚打到现在不容易。尽管身体都这样了，那我也不能示弱，不敢示弱啊。"

"我理解您的痛苦。好在您已经来做咨询了，一切都会好起来的。"咨询师安慰道，慢慢把话题又拉了回来，"所以，每次晕倒之后，是不是别人给您的压力就顿时小很多？"

唐女士一惊，好像没想过这个问题。

"想象要是有一天，这个毛病彻底治好了，再也不会晕倒了。您对此是什么感觉？"

这下，唐女士的眼睛里逐渐流露出诧异、茫然，以及惊慌。

"您会不会，在内心深处其实隐约有点不希望晕倒的毛病被治愈？因为这样就不得不去应付所有的问题？"

这番话，让唐女士仔细想了好一会儿。最后，她眼泛泪光地点点头说："好像还真是这样的。但我的晕倒我并不是有意为之，不是装的啊！"

"我相信，我也知道这不是装的。因为这可能是一种基于心理防御的退行。"

## 二、心理专家这样说

### 1. 到底是不是装病

唐女士的晕倒症状，经过排除生理因素后，逐渐显现出一种心理性反应的特征，特别是在压力情境下的发作。结合她的述说，可以从心因性失调的角度来理解她的症状。

心因性失调是由心理因素引起的功能障碍，通常涉及情绪、认知和行为的失衡。具体到本案例，唐女士的情况应属于心因性失调的一种表现形式——退行。

退行是一种心理防御机制，当个体面对极度的压力或无法处理的情境时，可能会回归到一种更为幼稚或早期发展阶段的应对方式。对于唐女士的情况，晕倒可能是一种退行的表现。当她在职场中感到强烈的竞争压力和人际紧张时，身体通过晕倒的方式"逃避"这些无法承受的情境。这种行为虽然表面上看是失控的，但实际上是潜意识中自我保护的一种策略。

唐女士提到，她的晕倒往往是在紧张和冲突中发生，尤其是在她感觉到对手可能压过自己时。这反映出她在与他人竞争时，内心深处对失控和被排挤的强烈恐惧。晕倒在一定程度上帮助她避免了直接的冲突，同时也使她的对手和周围人感到不安，甚至退避三舍，这在客观上缓解了她所面临的压力。

从唐女士的描述可以看出，她的晕倒症状在某种程度上甚至成了一种无意识的策略。每次晕倒后，她感受到的外界压力明显减轻，这可能强化了她的这种反应模式。在某种程度上，这种症状成为她在复杂职场环境中维持自我控制的一种方式，虽然她可能并未意识到这一点。

唐女士表现出对自己身体状况和心理状态的复杂情感——既有羞愧和痛苦，也有一种隐秘的满足感。她的责任感和工作中的自我要求与她在面对压力时的无力感形成了强烈的对比。这种内在冲突加剧了她的症状，并导致了症状的反复发作。

### 2. "退行"是想退回到哪里

退行症状的表现形式多种多样，因人而异，但通常可以归纳为以下几类：

**行为上的退行。**一个成年人可能突然开始展现出幼稚的行为模式，如撒娇、赖皮、不愿独立处理问题，甚至依赖他人来做出决策。这种行为的特点是与个体的实际年龄和社会角色不相符，往往给人一种"幼稚化"的感觉。

**情绪上的退行。**情绪退行指的是个体在情感表达上表现出幼稚或原始的方式,例如无缘无故地发脾气、哭泣,或者在遇到挫折时过度依赖他人的安慰和支持。个体在这种状态下,情绪调节能力显著下降,往往表现出强烈的情绪波动。

**认知上的退行。**在认知退行中,个体可能会回避复杂的问题或决策,倾向于采用简单的、非逻辑性的思维方式。例如,在面对压力时,个体可能会拒绝面对现实,甚至回避责任,用简单的逃避策略来处理问题。

**生理上的退行。**在极端情况下,退行还可能表现为生理上的变化,比如,个体可能会出现口吃等儿童时期常见的症状,或者对某些过去曾依赖的物品(如玩具、毛毯)产生强烈的依赖感。

退行作为一种心理防御机制,其根本原因在于个体在面对无法应对的情绪压力或挑战时,选择退回到过去较为安全、熟悉的状态。这种状态可能是在儿童时期形成的,个体在那个阶段感到安全和受保护。

## 三、自我评估与调节

### 1. 心因性失调自测

请根据过去三个月的状况,回答下列问题。

A:0分 B:1分 C:2分 D:3分

（1）您是否经常感到身体不适，如头痛、胃痛、心悸或呼吸困难等，但多次就医检查未能找到明确的生理原因？

A. 从不

B. 偶尔

C. 经常

D. 几乎每天

（2）您是否发现这些身体不适在压力大、情绪紧张或感到焦虑时会加重？

A. 完全没有关系

B. 有时有关

C. 经常有关

D. 几乎总是有关

（3）在就医时，医生是否曾建议您进行心理咨询或心理治疗？

A. 从未被建议

B. 被建议过一次

C. 多次被建议

D. 医生明确认为问题可能与心理有关

（4）您是否对这些症状感到极度担忧，甚至影响了您的日常生活和工作？

A. 完全没有担忧

B. 偶尔担忧

C. 经常担忧

D. 无法停止担忧

（5）您是否同时出现多种不同类型的身体症状（如胃痛、头痛、关节痛等）？

A. 只有一种症状

B. 两种症状

C. 三种症状

D. 多种不同类型的症状

（6）这些症状是否持续了6个月以上？

A. 不足1个月

B. 1～3个月

C. 3～6个月

D. 超过6个月

评分标准与解读

将所有题目的分数相加，得到总分。

0～5分：您的身体不适可能更多地与生理因素或暂时性的心理压力有关。建议观察一段时间，必要时就医检查。

6～10分：您可能存在一定的心因性失调风险，建议关注心理健康，并考虑咨询心理医生。

11～15分：您有较高的心因性失调倾向，建议进行心理咨询，了解更详细的情况，并制定应对方案。

16～18分：您的症状和心理因素关系密切，强烈建议寻求专业的心理帮助，以改善症状和生活质量。

## 2. 针对退行的自我调整

针对退行，可以进行应对技能训练。应对技能训练的主要目的是帮助我们发展和强化一系列有效的心理和行为策略，以更成熟、更适应地应对生活中的压力和挑战。通过掌握这些技能，个体能够减少对退行行为的依赖，更好地应对导致退行的情境，从而提升自我效能感和生活满意度。

**识别触发因素**。想办法识别引发退行行为的具体情境或压力源。这一步骤是关键，因为只有了解导致退行的原因，才能有针对性地进行干预。

**技能学习与实践**。在识别了触发因素之后，有意识地学习一系列新的应对技能，如压力管理、情绪调节、问题解决和社交技巧等。通过反复练习这些技能，让自己在面对压力时选择更为积极和成熟的应对方式。

**认知重建**。识别和修正与退行行为相关的负性思维。负性思维是指对个体自身、他人或环境长期持消极、悲观的认知模式，通常表现为夸大消极因素、低估或忽视积极因素，并倾向于做出负面的归因和预测。例如，如果因害怕失败而退行，可设法让自己认识到失败并非灾难，我们可以从失败中吸取教训。

### 3. 情绪调节小技巧

> 情绪调节是管理和控制情绪反应的过程，特别是在面临压力、困惑或冲突时。以下是一些有效的情绪调节技巧，可以帮助大家更好地应对日常工作和生活中的各种情绪挑战：

深呼吸和呼吸调节。①腹式呼吸。坐下或躺下，深深吸气，让空气进入腹部，感觉肚子鼓起，然后慢慢呼气。重复几次，帮助身体放松，降低心率，减轻焦虑和紧张感。②4-7-8呼吸法。吸气时数到4，屏住呼吸数到7，然后缓慢呼气数到8。这种方法有助于快速平复情绪。

情绪识别与命名。当你感到情绪波动时，先停下来，花点时间识别自己当前的情绪，如"我感到愤怒"或"我感到悲伤"。将情绪命名可以让它们从抽象变为具体，从而减少它们的影响力。这种方法能够帮助你更理性地处理情绪。

情绪表达与沟通。与信任的朋友或家人分享你的情绪，不仅有助于释放情绪，也能获得他人的支持和理解。另外，当你感到不安或愤怒时，用"我"来表达自己的感受和需求，例如"我感到有些紧张，需要一点时间平静下来"。

像对待朋友一样对待自己，温和而有爱心地对待自己的情绪。提醒自己，感到情绪波动是正常的，不必为此自责；使用积极的语言鼓励自己，如"我做得不错"或"我可以处理好这件事"，来代替消极的自我批评。

**情绪排解**。有时候，适度的情绪释放对身心有益。通过写日记、听音乐、画画或运动的方式，把积压的情绪释放出来。适度的运动，如散步、跑步、瑜伽等，可以帮助释放压力激素。运动还能增强体能，提升自我效能感。如果感到有压力，可以尝试短暂的身体活动，如伸展、快速走动几分钟，可当即缓解紧张情绪。如果情绪过于激烈，暂时离开引发情绪的环境，给自己一点时间冷静，再回到情境中处理问题。

通过这些技巧的练习和应用，你可以更好地调节自己的情绪，提升应对压力的能力。

## 四、热点问题聚焦

### 1."退行"是精神病的前兆吗

"退行"并不一定是精神病的前兆。实际上，它是一种常见的心理防御机制，当个体面对极大的压力、焦虑或情感困扰时，可能会表现出类似早期发展阶段的行为或情感状态。普通人在日常生活中也可能经历"退行"，尤其是在感到无助或无法处理当前情境时。而且，"退行"的出现通常是无意识的，个体借此来获得一种暂时的心理舒适，回避那些难以承受的情绪或压力。尽管"退行"在某些严重的精神障碍中可能会更加显著，但它本身并不等同于精神病，也不意味着一定会发展为精神病。很多情况下,随着压力的缓解,个体的心理状态和行为模式可能就会自行调整,因此不能将"退行"直接视为精神病的前兆。

### 2. "退行"是一个人幼稚、脆弱的表现吗

"退行"并不单纯是一个人幼稚或脆弱的表现。很多人会在特定情况下表现出某种程度的"退行",这并不能简单地归结为性格缺陷。人们在压力下是否出现"退行",取决于多个因素。首先,每个人的心理结构和成长经历不同。一些人在成长中经历了更多的心理冲突或不稳定,可能更容易出现"退行"。其次,个人的心理资源和应对方式也很关键。那些具备良好情绪调节能力和支持系统的人,通常能够更有效地处理压力,不容易"退行"。而那些心理资源较少或缺乏支持的人,可能会通过"退行"寻求短期的心理舒适。最后,特定的情境因素也会影响"退行"的出现。如果压力情境与个体早期的心理创伤或冲突相关,可能更容易触发"退行"行为。因此,是否出现"退行"是个体心理结构、成长经历、心理资源以及当前情境等多种因素共同作用的结果。

第三篇

# 家庭关系与生活

## 第一节　内疚成了新动力

### 一、心理咨询室里的故事 —— 婚外越火热，婚内越"和谐"

张经理坐在咨询室的沙发上，还没开口，脸已经红了。但是他深知，有些事情不彻底捋清，是真的会出大事。

"作为心理专家，您应该听过很多婚外情的事了吧？嗯，我就当是吧。这样我才说得出口。因为，我真的不想把事情闹大，也不想离婚，事情已经快要很难看了……

"就是，我陷入了一段婚外情。外面越火热，我对妻子和女儿就越关心和体贴，有一段时间，我甚至感觉我和妻子的关系比以前都要好很多。

"最飘飘然的那一阵，我甚至跟人说，婚外情才能拯救中年人的婚姻。要不说我飘呢？

"飘完了果然就要落地……后来我妻子就发现不对了。她是个性格强硬的女人，一来二去就威胁说要闹到我公司去。一开始我还能维持，可后来她越来越疯狂，有几次真的到了我公司门口，被我想办法强行带走。

"我知道再有一次就会出大事了，但我是真的离不开那个……"

"那个外面的人?"

"对。"

张经理艰难而焦躁地述说着他的故事。听到最后,咨询师感觉其核心就是他深藏的一种矛盾的情感。他和妻子十多年的婚姻,似乎在"愧疚感"之下获得了短暂的重生。但这毕竟是一种背叛。每当他想到自己背叛了妻女,内心的愧疚感就变得更加沉重,于是他只能加倍地对家庭进行补偿。然而代偿式的动力又能维持多久呢?东窗事发的恐惧以及付之一炬的怒火,什么时候会毁掉他的家庭和事业呢?没人知道。

## 二、心理专家这样说

### 1. 出轨是图什么

张经理既无法彻底摆脱婚外情的吸引力,又深感对家庭的责任与愧疚。他这一系列行为背后有着深层的心理原因:

新鲜和寡淡的强烈对比,让他迅速沉迷。张经理在婚外情中的体验让他感受到了一种新鲜感和激情,这无疑填补了他在长期的婚姻中感受到的乏味和单调。这种轻快的激情与他对家庭的责任感形成了强烈对比,使得甜蜜的更加甜蜜,寡淡的更加寡淡,于是他很快便越陷越深,无法自拔。

随之而来的负面情绪催生出了补偿冲动。张经理的婚外情使他处于极大的愧疚和焦虑中。因为他清楚地知道自己的行为是对妻女的背叛,所以由此带来的愧疚和自责就催生出了对家人的体贴与付出。仿佛是欠了多少,就可以补多少。所以他用尽各种方法试图弥补对家庭造成的伤害。然而,愧疚并不能真正化解他的内心冲突,反而可能加重他的心理负担,使他处于持续的焦虑状态。

家庭关系的"虚假繁荣"让他信以为真。张经理在婚外情中体验到了与日常生活不同的激情,这让他一度认为婚外情能够"拯救"他的婚姻。但实际上,他的行为只是在逃避婚姻中的问题,没有真正面对和解决这些问题。他希望通过婚外情找到一种新的平衡,但这种平衡是建立在欺骗和背叛基础上的,注定无法长久。

"快乐"投下的影子是"恐惧"。随着妻子逐渐察觉到他的行为,张经理的恐惧感与日俱增。他意识到,事情如果继续下去,可能会造成家庭、事业的双重毁灭。妻子的强硬态度使他逐渐失去了对局面的控制。对家庭的失控感使他的焦虑进一步加剧。

张经理面临的最大问题在于他内心的冲突。他既无法放下婚外情中的甜蜜,又无法摆脱对家庭的责任感。这种矛盾的情感让他的心理处于极大的压力之下。要解决这一问题,他需要深入反思自己的内心需求,面对婚姻中的真实问题,并寻求有效的解决办法,而非依赖婚外情来逃避或缓解内心的焦虑。

## 2. 敞开心扉，反思调整

婚姻是一场修行，需要定期反思和调整。

张经理和妻子急需进行深层次的沟通，及时制订并调整解决方案和计划。这种沟通和调整可以帮助双方保持对婚姻的修复，并不断改进和加强婚姻关系。

婚姻中的深层次沟通首先需要双方理解彼此的真实需求和期望。这不仅仅是谈论日常事务或情感上的表面问题，而且是要探讨每个人在婚姻中真正渴望的东西。例如，张经理和他的妻子需要讨论各自在婚姻中的角色期望、生活目标和个人需求。这种深入的讨论可以揭示潜在的矛盾和不满，从而找到解决问题的根源。

诚实表达感受是深层次沟通的核心。张经理和妻子需要坦诚地分享自己的感受和困扰，包括婚外情带来的愧疚、失望以及对婚姻的期望。这种诚实的交流有助于打破彼此的防备心理，建立信任，并让双方明白对方的真实想法。例如，张经理可能需要表达自己在婚姻中的情感缺失，而妻子则可以表达她对婚姻的期待和失望。

深层次沟通不仅仅限于表达感受，还需要探讨和解决婚姻中的根本问题。例如，张经理需要识别和讨论他为何会选择婚外情，这可能涉及对婚姻的不满、个人成长的需求或心理上的困扰。通过探讨这些根本原因，双方可以更有针对性地解决问题，而不仅仅是表面的小修小补。

在深层次沟通过程中，使用有效的沟通技巧非常重要。

包括认真倾听对方的意见和感受,而不是打断或急于回应。积极倾听能让对方感受到被重视,也有助于更好地理解对方的立场。避免使用指责、批评或讽刺的语言,而是用"我"语句表达自己的感受。例如,当你想说"你总是忽视我"时,可以说"我感到被忽视了"。还要努力理解和感受对方的情绪和经历,从对方的角度看问题,不能因为相互之间太过熟悉,就忽视对配偶的理解和尊重。

深层次沟通,能让双方更好地理解彼此的需求和感受,进而通过制订解决方案尝试解决婚姻中的根本问题,从而修复婚姻关系,重建信任和亲密感。

## 三、自我评估与调节

### 1. 婚姻状况自我测评

(1)您与配偶通常如何解决争论和分歧?

A. 通过理性讨论,寻找双方都能接受的解决方案

B. 争吵后冷战,最后强行和解

C. 避免争论,问题未得到有效解决

(2)您和配偶在日常生活中是否能保持开放和诚实的沟通?

A. 是的,能够自由表达感受和想法

B. 有时会有所保留,但总体能够沟通

C. 通常难以表达真实的想法和感受

（3）您和配偶的情感联系如何？

A. 非常紧密，彼此理解和支持

B. 基本良好，但有时会感觉有距离感

C. 情感联系较为疏远，彼此隔阂

（4）您和配偶是否能够分享重要的生活事件和感受？

A. 是的，能够相互分享和支持

B. 有时分享，但并不总是

C. 很少分享彼此的生活事件和感受

（5）您对婚姻的整体满意度如何？

A. 非常满意，感到幸福和满足

B. 比较满意，但有些方面可以改进

C. 不满意，存在较多的问题和困扰

（6）您是否觉得自己的需求和期望在婚姻中得到了满足？

A. 大部分得到了满足

B. 有些需求和期望得到满足，有些没有

C. 需求和期望大部分未得到满足

（7）当遇到婚姻问题时，您和配偶是否会共同寻求解决方案？

A. 是的，能够一起解决问题并找到合适的方案

B. 有时会一起解决问题，但也会有各自的处理方式

C. 通常不会共同解决问题，问题往往被忽视

（8）您的配偶在您遇到困难时能否提供足够的支持？

A. 是的，配偶总是能提供支持和帮助

B. 在某些情况下会提供支持，但有时不够

C. 很少或几乎没有提供支持

（9）您和配偶能否支持彼此的个人成长和发展？

A. 是的，彼此都支持对方的个人成长和发展

B. 有时支持，但在某些方面可能存在阻碍

C. 很少支持对方的个人成长，主要关注婚姻问题

（10）您是否觉得婚姻关系对个人生活产生了积极影响？

A. 是的，婚姻带来了积极的生活变化和成长

B. 一般，没有显著的积极影响

C. 婚姻对个人生活有较大的负面影响

评分标准与解读

每题选择 A 选项较多：说明婚姻关系较为健康，沟通、情感联系和满意度都较好，问题处理和支持方面也表现良好。

每题选择 B 选项较多：说明婚姻关系存在一些问题和挑战，虽然整体情况尚可，但仍需关注和改善沟通、情感联系以及问题解决等方面。

每题选择 C 选项较多：说明婚姻关系存在较多问题，沟通困难、情感疏离、满意度低和支持不足可能是主要原因，建议寻求专业婚姻咨询帮助。

## 2. "断不掉"的婚外情，如何进行自救

> "断不掉"婚外情的情况可能涉及复杂的情感、心理以及关系问题。

首先，要审视自己的价值观和人生目标，思考婚外情是否与个人的长远目标和价值观相符。

思考自己为何会陷入婚外情，是否为了寻找情感满足、逃避婚姻中的问题，还是寻求自我价值感。了解自己的动机有助于找到问题的根本原因。评估当前婚姻关系中的问题，是否存在沟通不畅、情感疏离或其他问题。了解婚姻中的痛点有助于在婚姻中寻求改善。

如果决定结束婚外情，应确保断绝与对方的联系。保持明确的界限，有助于避免重新陷入相似的情况。把婚外情的时间和精力投入有益的活动中，例如，兴趣爱好、个人成长或家庭活动，以转移注意力并增强个人的满足感。

同时，致力于重建信任。包括诚实的沟通、履行承诺以及相互理解和支持。尝试理解配偶的感受，并寻找共同解决问题的途径。学习如何更好地表达自己的情感需求和期望，增强与配偶的情感联系。还可以增加与配偶的共同活动，例如，共同参与兴趣爱好、规划未来目标等。

## 四、热点问题聚焦

**1. 离婚是解决婚外情问题的唯一办法吗**

很多人认为离婚是解决婚外情问题的唯一办法。其实，离婚并不是处理婚外情问题的唯一办法。通过有效的沟通、专业的辅导和双方的努力，许多婚姻问题都可以得到解决。

夫妻双方应在充分考虑个人和家庭的情况后，做出最适合自己的决策。在任何情况下，尊重、理解和共同努力都是解决婚姻问题的重要因素。

**2. 清官难断家务事，婚姻问题只能自己解决吗**

其实，随着心理专业的不断发展，婚姻咨询已经在帮助越来越多的人走出情感困境了。

婚姻咨询是一种专门帮助夫妻改善关系、解决冲突的专业服务。它由受过专业训练的咨询师提供，目的是通过沟通和专业技巧，帮助夫妻更好地理解彼此，增进情感联系，从而建立更加和谐的婚姻关系。婚姻咨询可以帮助解决以下问题：

沟通障碍。夫妻可能因为沟通方式不当而产生误解和冲突。婚姻咨询可以帮助夫妻学会有效的沟通技巧，例如，积极倾听、清晰表达需求和情感，减少沟通中的误解和摩擦。如夫妻之间可能会因为小事或大事频繁争吵。婚姻咨询可以帮助夫妻识别争吵的根源，学习冲突解决技巧，找到有效的解决方案，减少冲突的频率和激烈程度。

情感交流困难。有些夫妻在表达自己的情感和需求时感到困难,婚姻咨询可以帮助他们克服这一障碍,建立更加开放和诚实的沟通方式。同时,婚姻咨询还可以帮助夫妻重新建立情感连接,增加亲密感,通过共同活动和深度对话修复关系,如安排约会等。

信任危机。婚姻咨询还可以帮助夫妻处理由婚外情等严重破坏婚姻关系的行为导致的信任危机,并制定未来的信任维护策略。

此外,还有夫妻间的价值观差异、中年危机、空巢家庭问题等。针对这一系列的婚姻问题,婚姻咨询能在一定程度上帮助重建和谐的婚姻关系。

# 第二节 "吃"不回来的失控人生

## 一、心理咨询室里的故事 ——一口一口，吞噬生活

对于不了解心理学的人来说，孙主任精瘦的外表和他暴饮暴食的行为实在是有些不相称，然而在心理咨询师的眼里，有着进食障碍伴随反复催吐行为的神经性贪食症患者，很多都有着这样瘦弱的身材。

"您看我的问题能治吗？我感觉您肯定见得多了，所以我才鼓起勇气过来……因为我实在是没办法了，而且我也没法跟别人说。没人能理解。只有孩子才控制不住吃东西，对吧？"说着，孙主任强撑的笑容逐渐凝固，眼睛里闪过一丝悲凉。

孙主任在单位担任中层，负责管理一个重要部门。他事业有成，家庭美满。然而，原本平静的生活却突然变了样。

"我家楼下新开了一家烧烤店，一开始我只是下班后偶尔进去吃点。后来有段时间工作挺累的，家里还一堆烦心事，我就经常去吃，好像就成了习惯。

"然后慢慢地，我越来越离不开他家的烧烤，白天在单位都特别想吃，不吃就心慌气短。我觉得自己是低血糖了，所以就买了一些零食放在单位。但是没想到竟然越吃越离不

开。最后不管是什么东西,好不好吃都不重要了,就是得吃,不吃就心慌、难受、手抖。但我还特别忙,最近几年单位压力越来越大,很多事不是我能控制的。开会、谈事、出差……现在我必须得随时躲着人偷偷吃东西。开会时我都把饼干放在兜里,看中途能不能偷偷溜出去吃两口。

"后来有一天回家,孩子突然跟我说,爸爸你真的该减肥了,你都胖得吓人了。我赶紧去卧室照了镜子,把我吓了一大跳。

"从那次开始,我觉得我出问题了。"

但是孙主任也不知道去医院该看什么科。前前后后看过大概四五个科,全身都查完了,医生都告诉他是太胖了才导致了三高什么的,让他减重。于是他开始拼命减肥。

"但是不管我怎么努力,我就是控制不住吃东西的欲望。后来为了兼顾,我就吃完以后催吐,再吃点泻药,同时加强运动。这样既能让自己吃,又不让自己长胖。效果也的确挺好的,很快,我的体重就一路下降,但是新的问题又来了——我出现了贫血、肠胃病,吓得我再不敢这样玩命减肥了。但吃东西这个问题还是控制不了,要是不催吐,不吃泻药,我很快就又胖起来。而且比以前体重最大的时候还胖!"

说到这儿,孙主任绝望地苦笑:"我就在吃东西的罪恶感和催吐的补偿感中一圈一圈地转,没完没了……"

"但是您现在的体型,在我看来不胖了。"

"我明白,但我想正常饮食,不然我找您来干什么呢?

我现在吃东西已经不是单纯的吃了。饥饿感让我厌恶自己，但是控制不了体重让我更恨自己！吃东西让我快乐那么一瞬间，但立刻又恨自己，只有催吐让我觉得我做了个人，做了我想做的事。"

"您对自己要求比较高吗？"

"我当过兵，立过功，工作从来说一不二，超额完成任务。所以体型我是绝对不允许失控的。"

"您好像还没怎么提到您的家人。他们对此是什么反应？"

令咨询师有些吃惊的是，孙主任竟摇摇头说："他们不知道。我没告诉他们。"

"他们什么都没看出来吗？"

"我很少回家，而且我是家里的顶梁柱，我不能让他们知道我有这种问题。"

原来，他跟妻女的关系并不是那么亲密。不是不爱她们，只是他很小就上寄宿学校、从军，过家庭生活的时间较少。所以结婚后，家庭、婚姻、情感方面的问题就经常令他手足无措。后来事业上升，工作越来越忙，家庭也就"顺理成章"地在他的世界中被边缘化。

"老婆和孩子对我很不满。我能理解。但每次家里闹矛盾，她们娘儿俩一起指责我，说我整天不见人，对家里不管不顾，我心里都很难受。"

"您是怎样处理这种难受的呢？"

他淡淡一笑："没精力想这些事，也无所谓。我奋斗了大半辈子到今天，不抽烟、不喝酒、不打牌；在单位我是'管事的'，在家我是'立户的'……所有这些，她们不理解，我没办法，我只能把能控制的事做到最好。"

"所以，家庭、工作，各有各的失控，看来似乎催吐这件事是最容易'控制'的，是吗？"

咨询师轻轻的几句，让这个身材高大的男人红了眼圈。

## 二、心理专家这样说

### 1. 求而不得的渴望，会寻找它的出口

通过这个案例可以看出，即使是出色的管理者，也可能在内心深处经历巨大的心理挑战。这些挑战如果不加以重视和处理，最终可能会对身体健康、心理状态以及家庭关系造成严重的影响。

孙主任的内心深处是孤独而无助的，他就像个浴血奋战的斗士，一直努力用"战绩"来填充心灵深处的空洞。然而我们终究是凡人，总有受伤的时候、脆弱的一面，都会渴望爱与治愈。这种渴望如果一直求而不得，或者压根儿就被无视、否认，甚至企图用另外的东西去代偿，那失控就是难以避免的了。

"我赶紧去卧室照了镜子，把我吓了一大跳。"

孙主任的内心充满了迷失的自我认同。

一方面，他有着清晰的目标，就是在家庭和工作中"无

愧于心"，但另一方面，他却越来越不认识自己。精神方面，工作压力越来越大，工作成绩越来越难以符合他对自己的要求；生活方面，在家庭中他一如既往地找不到融入的角度，无法与家人舒适地相处，甚至逐渐感觉自己成了家中可有可无的人；身体方面，忽胖忽瘦，暴饮暴食，也让他变得更不认识自己。

"最近几年单位压力越来越大，很多事不是我能控制的……只有催吐让我觉得我做了个人，做了我想做的事……她们不理解，我没办法，我只能把能控制的事做到最好。"

孙主任的暴饮暴食和随之而来的催吐行为，可以看作他在生活中试图掌握控制权的表现。

工作的失控，家庭、婚姻、亲情的失控，都是他难以改变和扭转的事情，相比之下，似乎只有以近乎严酷、残忍的方法来控制体重，才能暂时释放他内心的焦虑与压力，维持掌控感和自尊。但是暂时的掌控只如过眼云烟，很快，新一轮的饥饿、失控，又会重新袭来。这种循环让他陷入了控制与失控的恶性循环中，使得他的心理和身体健康都受到了严重的损害。

"我很少回家，而且我是家里的顶梁柱，我不能让他们知道我有这种问题……老婆和孩子对我很不满。我能理解。但每次家里闹矛盾，她们娘儿俩一起指责我，说我整天不见人，对家里不管不顾，我心里都很难受……没精力想这些事，也无所谓。"

## 2. 贪食有可能不是"贪吃"这么简单

有人可能会说，贪吃还不容易解决吗？忙起来就没时间吃了。

然而孙主任这种贪吃，可不是嘴馋，更不是因为工作太清闲，而是一种无法控制的进食冲动，其根源是用"吃"来试图解决"痛苦"。

神经性贪食症是一种严重的饮食失调，表现为反复发生的暴食发作和随后的补偿行为，如催吐、滥用泻药、过度运动等，以防止体重增加。患者通常会对自己的体重和体型有极端的关注，尽管可能处于正常体重范围内，甚至偏瘦。

频繁的催吐和使用泻药会导致钾、钠等电解质的严重失衡，增加患心脏病和其他严重健康问题的风险；胃酸的反复倒流会损伤食管和口腔黏膜，导致食管炎、口腔溃疡等，还会腐蚀牙齿；长期使用泻药会损伤肠道。

神经性贪食症还可能带来羞耻感、自我厌弃，甚至造成抑郁、焦虑，导致回避社交，自尊心和自我价值受损等问题。

神经性贪食症这种看似可以自我控制的问题，实际上危害非常大，基本不可能靠自己的意志力"偷偷"克服掉。管理者一定要对个人健康问题保持高度警觉。一些看似可以扛过去、隐瞒下去的小问题，实际上可能会演变为大麻烦。正如孙主任的经历所示，回避问题最终不仅会影响自身的健康，还可能对家庭、对工作造成负面影响。

**3. 一个回避型依恋者的家庭生活**

孙主任在家庭中的融入程度，以及他对待亲密关系的方式和结果，都没能给他带来良好的体验，这无疑是他失控感的重要来源之一。而他的家庭生活之所以是这样，或许可以用依恋理论来解释。

依恋是个体与重要他人之间通过亲密互动而形成的持久、强烈的情感联结。依恋理论是研究依恋相关理念、模式和表现等一系列问题的理论。我们在儿童时期与主要照顾者形成的依恋模式，会在成年后影响我们的亲密关系。这种影响体现在我们如何与伴侣互动、处理冲突，以及应对依赖和独立之间的平衡。

依恋模式通常分为三种类型：安全型、焦虑型、回避型。

安全型依恋者通常对他人有较高的信任度，能够在关系中自由表达情感并依赖伴侣，同时也允许伴侣依赖自己。他们倾向于建立稳定、健康的亲密关系。

焦虑型依恋者常常感到不安和不确定，害怕被抛弃或忽视。因此，他们在关系中表现出强烈的依赖性，并频繁寻求伴侣的情感确认。

回避型依恋者倾向于保持情感上的距离，避免过于亲密的关系。他们不太愿意依赖他人，也不希望他人依赖自己，常常通过情感冷漠和自我保护来避免亲密关系中的潜在痛苦。

孙主任就表现出了较为典型的回避型依恋者的特征。下班后,他经常选择去楼下的烧烤店,而不是回家与家人共度时光。他还很少回家,不知道如何与家人相处、发展亲密关系。对于他来说,家不是舒适的避风港,反而成了一种负担。他在家中感到孤立,与家人的关系越来越疏远。

从心理学的角度看,回避型依恋者往往在感受到情感威胁时会采取回避策略。这种回避行为虽然在短期内减轻了他的焦虑,但长远来看,却加剧了他与家人的疏离感,导致家庭关系更加紧张。回避型依恋者在情感关系中也常常通过保持距离和回避亲密互动来使自己免受伤害。然而,这种防御机制也可能导致他们在亲密关系中感到孤立和不满足,甚至影响他们的身心健康。

于是,回避型依恋模式带来的空虚、工作与生活的压力、不清晰的自我认同,加上对周遭一切的失控感,使得孙主任像是赤手空拳面对人生旋涡的战士:他渴望获得,而又不知道如何去获得;想要掌控,却又无法掌控。这使得他身心俱疲,也让他在经历一系列的挣扎过程中找到了一种扭曲的掌控方式——疯狂进食。

## 三、自我评估与调节

### 1. 依恋模式自测

1= 完全不同意(0分)

2= 不太同意(1分)

3= 有点同意（2分）

4= 基本同意（3分）

5= 完全同意（4分）

（1）我通常在亲密关系中感到安全和舒适，愿意与伴侣分享我的感受。

（2）当我在情感上受到伤害时，我常常避免表达我的情感。

（3）我对他人是否会离开我感到不安，常常担心被忽视或遗弃。

（4）我喜欢保持个人空间，不喜欢被伴侣过多依赖或亲近。

（5）在亲密关系中，我倾向于依赖他人的关爱，害怕独立面对挑战。

（6）我在承受压力时，很难与别人表达我有什么需求。

（7）我和伴侣之间有很强的信任感，我相信我们能解决任何问题。

（8）我常常会避免深度的情感交流，因为它让我感到不舒服或不安。

（9）当我的伴侣没有及时回应我的需求时，我会感到焦虑和不安。

（10）我能在亲密关系中保持独立，既不依赖对方，也不希望他人过度依赖我。

（11）我对亲密关系的需求常常导致我对伴侣过度关注，

甚至会质疑伴侣是否在乎我。

（12）我很少感到害怕或不安，在亲密关系中能坦诚表达自己的需求和情感。

评分标准与解读

安全型依恋：如果你在题目（1）（7）（10）（12）等得分较高，表明你倾向于有较强的信任感和情感表达的能力，通常能够在亲密关系中感到舒适和自信。

焦虑型依恋：如果你在题目（3）（5）（9）（11）等得分较高，表明你可能对亲密关系中的拒绝或忽视非常敏感，容易感到焦虑和不安。

回避型依恋：如果你在题目（2）（4）（6）（8）等得分较高，表明你可能倾向于避免情感交流和过度依赖他人，保持一定的情感距离。

如果大部分得分集中在1~2分，可能表明你拥有较为健康、安全的依恋方式。

如果得分在4~5分较为集中，可能需要注意回避型依恋或焦虑型依恋的影响，因其可能会对人际关系和情感交流造成一些困扰。

### 2.有着回避型依恋的人如何进行自我调适

在与家人说话时，尽量不要只进行最简单的回应，甚至回避情感的表达。可以尝试在日常交流中多加入一些情感元素。比如，当你想对孩子说"去去去，自己玩"时，可以改成"最近我工作有点忙,感觉有点累,不想说话了。让我一个人待会儿可以吗?"好好说话,不仅要表达你的诉求,也要告诉家人你的原因和难处。这应该可以帮助你收获良好的家庭氛围,同时也让家人更了解你的感受。

当家人提出需求而你无法满足时,不要立刻否定或回避,而要用温和的语气表达你的理解并陈述你可以做到的程度。例如,如果家人需要你的帮助而你不确定是否能办到时,别直接说"我没空",而可以说:"我知道你需要我,我这边实在有些事情需要处理,别人能代劳吗?或者,换个时间?"这样的回应既表达了你的关心,又不会让你感到过多的负担。

在行动上,尽量多参与家庭活动,即使你本能地想要保持一定的距离。比如,在家里做饭、做家务时,主动邀请家人一起参与,或者在晚餐后提议一起散步。这种简单的互动能帮助你增强与家人的情感连接,逐步减少回避行为。

当面对家庭中的冲突或压力时,尽量避免逃避或闭口不言。学会以一种平静而坚定的语气表达自己的感受。例如:"我知道我们之间有分歧,我现在可能需要一些时间冷静,我想好了会和你沟通的。"这种方式能让家人知道你并非故意回避,而是在处理问题时需要时间和空间。

最重要的是,保持温和与包容的语气。"好好说话"的力量是持久而深远的。通过这些具体的说话方式和行为调整,相信你能在家庭中逐步克服回避型依恋的影响,建立更加健康、温暖的家庭关系。

## 四、热点问题聚焦

### 1. 哪种依恋方式是最好的

依恋方式本身并没有绝对的"最好"。当然，如果要对比三种依恋方式带来的人生各方面的稳定性，那安全型依恋通常更容易被认为是健康和理想的，因为安全型依恋的人能够在亲密关系中感到舒适、信任他人、表达情感，并且能够应对关系中的挑战。

不过，回避型和焦虑型依恋也不是完全"坏"的。它们都是早期家庭环境和个体经历的反映，可以在某些情境中起到保护作用。例如，回避型依恋的人往往较为独立，他们不容易依赖他人。这种特质可以帮助他们在需要自我保护时避免情感的过度投入。而焦虑型依恋的人则可能在亲密关系中表现出更多的关心和投入，他们可能会通过过度关注他人的反应来寻求情感的确认。

问题的关键在于，依恋方式是否对我们的心理健康、人际关系以及工作表现造成负面影响。如果回避型或焦虑型依恋导致了情感的疏离、不信任、焦虑或依赖，影响了生活质量和工作绩效，那么调整这些依恋方式，向安全型依恋过渡是有益的。

因此，最理想的依恋方式是能让你在亲密关系中感到安全、自在、独立而又能与他人建立健康的依赖关系的依恋方式。

**2. 原生家庭带来的影响是不可逆的吗**

原生家庭对一个人性格和依恋方式的影响深远，但并非不可逆。原生家庭带来的影响并不是宿命，而是可以通过自我觉察、干预和长期的自我调整得到改善和转化。

意识到自己受到原生家庭影响是关键的第一步。很多人可能会在工作和家庭中面临情感上的挑战，尤其是回避型或焦虑型依恋的人，可能会影响与下属、同事甚至家庭成员的关系。如果能意识到这些情感模式的来源，并主动寻求改变，这就是一个重要的开始。

通过学习和反思，我们可以逐步改变那些源自原生家庭的行为模式。例如，如果你来自一个情感冷漠的家庭，可能会表现出回避情感的倾向，但通过调整情感表达方式、人际沟通定式等，可以在一定程度上改善与他人的情感连接。

另外，工作和生活经历也有着重要作用。管理者在工作中接触到的多样化人际关系和挑战，可以帮助他们发展出更成熟的情感处理方式。在管理岗位上，面对不同的群体和压力，需要保持情感的稳定性和有效的沟通能力，这些都会促进个人在情感上更加成熟和自信。

总之，原生家庭的影响虽然深刻，但它并不意味着就无法改变。通过自我反思、专业帮助和持续的自我提升等，我们完全可以发展出后天的思维方式和行为方式，发展出更加健康、更具适应性的依恋方式，构筑良性的心理健康调节系统。

## 第三节 无处不在的"预兆"

### 一、心理咨询室里的故事 ——下一秒会发生什么

在心理咨询室中,当事人缓缓开口:"我越来越离不开占卜,几乎所有的决定都要依赖它。刚开始只是偶尔好奇,现在已经到了痴迷的程度。前几天,秘书把机票买好了,但占卜结果显示那天不吉利,我居然执意让她改期。感觉生活中的每个细节都在传达某种不祥的预兆,整个心都悬着,每天都活在恐惧之中。"

咨询师点点头,问道:"您觉得这种对占卜的依赖是从什么时候开始的呢?"

当事人深吸了一口气,回想片刻后,眼中闪过一丝苦涩:"以前吧,这就是个消遣,没当真。也就是遇到特别重大的事情我算一下,当个参考。但是后来,每天早晨一睁眼,我都隐隐觉得今天会有不好的事情发生。然后我就感官全开,仿佛生活中的各种细枝末节的小事都有什么预示。"

"比如什么?"

"比如……手机突然来电话的时候,外面突然有乌鸦叫,

我就感觉这是要有坏事儿来了；或者刷牙的时候，牙膏没了，怎么挤都不够这次用的，我就觉得今天要出事儿……诸如此类吧。现在已经到了开车连续遇到几个红灯，我就特别焦虑，感觉要不顺。"

"所以，需要用一些方法来预知未来。"

"没错。我就只能不停地摇卦，算。"

"有什么具体的原因吗，让您感觉到很没有安全感或者对未来的恐惧？"

这个问题，其实用了很长的一段时间，经过了很多次咨询，才让这位领导最终说出来。

"就是，自从我当了公司的财务总监之后，就经常被家族里的亲戚朋友要求做一些……'打擦边球'的事情。我吧，从小家庭环境不好，是吃百家饭长大的，老家的宗族观念也比较强。导致我根本没办法拒绝，我就得想各种办法把事情做得天衣无缝。对此我是一万个不情愿，可我能怎么办？帮了这个不帮那个？而且这些事情互相关联，不帮都不行了。可这样下来，我对人对事也产生了深深的无力感，心里的焦虑也在与日俱增。"

咨询师细心地捕捉到他言语中的无奈和痛苦。

"我真的看不起自己。因为我很清楚，我已经成了大家口中的那种'两面人'。在台上一套一套说得比谁都好，台下我都在干些什么呢？"

"看来，不安全的根源您自己已经找到了。对此您没有尝试过做些什么改变吗？"

"太难了……你不在我的处境，你不会明白。"

"您想过最坏的结果吗？"

"想过，不敢想。我不能失去现有的一切，我自己也是奋斗了多少年才到了现在这个位置。而且这么多事，影响太大了……"

咨询师柔声引导："作为心理咨询师，我不能替来访者做任何重大决定。我想要说的是，所有的问题，都有根源。扬汤止沸，釜底抽薪，视而不见……这些应对方法也都是方法，只是一定会带来不同的结局。"

## 二、心理专家这样说

### 1. "两面人"内心的矛盾与冲突

"我真的看不起自己。因为我很清楚，我已经成了大家口中的那种'两面人'。在台上一套一套说得比谁都好，台下我都在干些什么呢？"

案例中这位财务总监的"两面人"现象反映了他在工作和生活中的内心矛盾与冲突。

在台前，他给外界传递可靠和负责任的形象。这种形象可能是他多年来努力经营的结果，也是他在职业生涯中取得成功的重要因素之一。然而在台下，他却不得不面对一些与自己的道德标准相冲突的行为。

他不能拒绝家族要求，主要源于他深植于内心的家庭责任感、情感依赖以及对家族支持和认可的强烈渴望。他可能从小在一个宗族观念很强的环境中长大，家族的利益和期望被视为个人义务的重要部分。一方面，他对家族有着深厚的情感依赖，尤其是在他成长过程中，他认为自己的成功离不开家族的支持。这种情感依赖使他产生了一种回报心理，认为自己有责任通过某种方式回报家族，哪怕这意味着滥用权力。另一方面，他又生怕失去家族的支持和认可，担心拒绝家族的要求会被视为背叛，导致与家族关系的破裂。在他的内心，家族的成功与他的身份认同紧密相连，家族的利益在某种程度上被他视为个人的利益。这种内心的冲突和复杂的情感让他在面临家族要求时，即便不愿、不想甚至恐惧，仍选择顺从，最终陷入自我厌弃和巨大的不安中。

内心的自我厌弃和对以权谋私可能带来的后果的恐惧，进一步加重了他的焦虑，使他更加依赖占卜来寻找一种虚幻的安全感。占卜成了他缓解内心冲突的一种途径，尽管他知道这种依赖无法真正解决问题，但在他看来，这是唯一能暂时缓解内心痛苦的方式。

**2. 港湾变成了难以摆脱的精神枷锁**

一些管理者跟案例中的当事人一样，从小成长在一个宗族观念较重的环境中。然而，当原本温暖的港湾变成难以摆脱的精神枷锁之时，就一定要想办法做出改变了。

这位财务总监需要反思自己在家族中的角色以及家族对自己的影响。通过反思，意识到家族需求与法律、职业道德之间的冲突，以及这些冲突对自己的影响。自我觉察能帮助我们看清自己内心的挣扎与矛盾，从而更清晰地认识到这些影响的负面后果。

首先要重建身份认同。管理人员需要重新定义自己的身份，认识到自己首先是守法公民、专业人士、对集体负有责任，而非仅仅是家族的一员。理解这一点，就更容易将自己的职业身份置于家族期望之上，将国家利益和公共责任作为自己的核心价值体现。通过不断地强化这种身份认同，逐步减弱家族对自己的情感和行为影响。

在重建身份认同的基础上，应学会设立清晰的个人边界。具体来说，就是在面对家族的要求时，能够理性地评估这些要求是否合理，是否会侵犯自己的职业伦理或道德底线。设立界限不仅有助于维护自身的心理健康，也可以避免陷入过度的情感纠缠，确保依纪依法履职尽责。

当然，我们可以与家族保持积极的联系，关心其生活和需求，提供必要的支持与照顾。如在严格遵守党纪国法和职业伦理的前提下，以适当的形式支持帮助家族成员。又如通过自己的工作实绩和良好的声誉提升家族美誉，在家族中树立良好的榜样。

优秀的管理者还应培养心理韧性，以应对来自生活和工作的双重压力。通过学习情绪调节技术、压力管理策略和有效的沟通技巧，增强应对能力，在面临家族期望时能够保持冷静与理智，不被情感左右。

**3. 不确定的背后是"失控"**

"前几天，秘书把机票买好了，但占卜结果显示那天不吉利，我居然执意让她改期。"

这位财务总监沉迷占卜反映出他内心一种深层次的焦虑和对未来的强烈不确定感。随着他在灰色地带的不断游走，他感到自己越来越无法应对未来的不确定性。这种情绪日益被放大，导致他去寻求外部的确定性。占卜提供了一种虚假的掌控感，使他在面对重要决策时能找到一种心理上的平衡。通过占卜，他感觉到自己可以通过某种预兆或存在掌握更多的信息，恢复其对生活的主导，以减轻对未来的恐惧感。然而，这种依赖并未真正增强他的掌控能力，反而削弱了他应对现实问题的实际行动力。

在面对复杂的家族利益和职业道德冲突时，他选择将问题交给占卜解决，从而回避了直接应对这些难题的挑战。这种逃避行为使他暂时获得了心理上的解脱，但并未从根本上解决问题。

凡事问卜，也反映出这个人不信任自己的能力、不愿意承受后果的现实困境。占卜占对了，那就是占卜果然有用；占错了，那就是"天亡我楚，非战之罪"。长此以往，他的自我效能感会不断下降，会逐渐对自我和他人失去信任，这又反过来进一步巩固了他对占卜的依赖，形成一个恶性循环。

**4. 破除"不知道下一秒会发生什么"的魔咒**

戒除对超自然力量的依赖,首先要从意识到问题的根源开始。占卜并不能真正控制未来,也不能解决现实中的焦虑和不安。占卜行为背后的心理动机其实是逃避现实、逃避责任、寻求控制感等。弄明白这一点是迈向改变的第一步。

如果一时难以戒掉占卜,可以逐渐减少频率,如从每天一次减少到每周一次,逐步脱离依赖。

此外,还可以尝试一些积极的压力应对方法来消除对占卜的依赖。下面介绍一种跟运动有关的方法:及时运动法。

及时运动法是指在感觉压力大、难以承受、触发依赖行为时,如果条件允许,让自己及时做做运动。那及时运动法为什么是一种积极的压力应对方法呢?

一方面,运动能促进身体释放内啡肽和多巴胺,这些神经递质被俗称为"快乐源泉",能帮助提升情绪,缓解焦虑。同时,运动能降低压力相关激素(如皮质醇)的水平,使人感到更加平静和放松。

另一方面,感觉到压力时,人往往会有过度思考、身体僵硬、呼吸短促、心率加快等反应,而快速运动则可以中断这种负面循环,转移注意力,促进血液循环,缓解由压力引起的身体不适。

在运动完之后，人会感觉到释然、轻松、换了心情，从而有了"好好想想""认真应对"的心气。这就是对压力的积极应对。

## 三、自我评估与调节

### 1. 自我效能感自测

自我效能感是个体对自己能够成功完成某个任务或达到某个目标的信念或信心。这种信念会影响个人的行为、动机、情绪和思维方式。

自我效能感高的人通常会设定较高的目标，并且在遇到困难时坚持不懈；认为自己有能力应对挑战和解决问题；对自己的行动和决定充满信心，即使在面对不确定性时也能保持乐观和冷静。

所以，自我效能是个体内心的一种驱动力，影响其面对困难、应对压力、追求目标等各方面。自我效能感较高的人，相对来说，依靠某种外部力量来把控人生的概率会小很多。

这个自测题可以帮助你初步了解自己的自我效能感水平。

非常不符合（1分） 不太符合（2分） 中立（3分） 符合（4分） 非常符合（5分）

（1）当我遇到困难时，我通常可以找到解决问题的方法。

（2）我相信我能够完成大多数我设定的目标。

（3）即使面对不确定性，我依然能够保持自信。

（4）我能有效地管理和应对生活中的压力。

（5）在需要做出决定时，我能够相信自己的判断。

（6）我相信自己能够应对新的挑战。

（7）当我面对失败时，我能够迅速重新振作。

（8）我能够将计划付诸实践，即使过程中遇到困难。

（9）我对自己完成任务的能力有信心。

（10）我认为我能够掌控生活中的大部分事情。

评分标准与解读

将所有题目的分数相加，总分在10到50分之间。

41~50分：自我效能感极高，你对自己的能力非常有信心，通常能够有效应对挑战。

31~40分：自我效能感较高，你通常对自己充满信心，但在某些情况下可能需要更多支持。

21~30分：自我效能感中等，你对自己的信心较为一般，可能需要进一步提升应对挑战的信心和策略。

10~20分：自我效能感较低，你可能经常怀疑自己的能力，建议采取措施提升自信心，或寻求专业帮助。

## 2. 如何增强自我效能感

**提升自我效能感，可以从以下几个方面入手：**

可以通过设立具体、可行的工作目标，将大型任务分解为小目标，并逐步完成。这不仅能提高工作效率，还能在每次成功后增强对自己能力的信心。例如，定期设定月度或季度目标，并跟踪进展，及时调整。通过一个个的小目标、中目标、大目标的实现，来一点点地积累经验、梳理经验、交流经验、增强自信，并在这一过程中学习新的知识与技能，提高自身的专业素质和解决问题的能力，从而提升自我效能感。

与上级和同事保持良好的同步，积极寻求工作上的支持。不要凡事闷头干，要勤沟通、勤汇报，在获得正面反馈的同时，接受建设性的批评，改进工作方式方法。

观察身边有经验的同事或领导如何应对工作中的挑战，通过学习、实践，逐渐形成自己的工作风格，增强自我效能感。

感到一个小麻烦可能后面跟着一连串的大麻烦、大问题时，要及时处理。该说"不"的时候，最好一开始就说。不要等到事情做了一半，实在无法继续时才中途放弃，那会给自己带来很大的压力。

同时，要避免过度消极的自我评价，鼓励自己在面对压力时冷静思考、有效应对。试着给自己一些积极的评价，认可自己的努力和进步。

通过这些方法，我们可以在日常生活和工作中逐步增强自我效能感，从而更有效地履行职责，不断打开事业发展的新天地。

### 3. 及时运动法

及时运动不一定是要去专业的运动场，做汗流浃背、大运动量的活动。它可以是随时随地的、简单易行的。

①从椅子上站起来，双臂向上伸展，挺直背部，深呼吸，维持5秒，然后缓慢放下。重复2～3次。做缓慢的肩膀绕环动作，先顺时针再逆时针各5次，同时保持深呼吸。

②如果条件允许，可以到室外或走廊进行1～5分钟的快速步行。走路时保持有节奏的呼吸，脚步轻快，注意力集中在步伐和呼吸上，而不是让大脑继续胡思乱想。

③站立后，轻轻地抖动全身，从脚开始到手臂、肩膀，像甩掉身上的"压力"一样。持续30秒至1分钟，可以显著放松肌肉，释放积压的紧张情绪。

④抬高膝盖做30秒原地踏步，配合深呼吸；原地小幅度跳跃10～15次，有助于提升心率，快速振奋精神；身体条件允许的情况下，做5～10次缓慢的深蹲动作，保持背部挺直，呼气时下蹲，吸气时起身。

⑤走到窗前看看远处的景物，或到附近的绿色植物旁深呼吸，借助自然元素帮助舒缓紧绷的神经。

## 四、热点问题聚焦

### 1. 如何区分爱好与沉迷

爱好与沉迷的区别,往往藏在我们与某件事物的关系中。

爱好是一种发自内心的愉悦,它让人沉浸在过程本身,享受每一刻带来的满足感。你可以随时停下来,也可以重新开始,这种自由度不会带来焦虑。比如,你喜欢读书,哪怕偶尔放下,也不会感到失落;反而,当你重新翻开书页,便会再次体会到那份安宁和喜悦。

而沉迷则不同,它像是一个无形的枷锁,让你逐渐失去掌控。它往往是内心焦虑、不安或空虚感的产物,人们用它来逃避问题,寻求暂时的安慰。你可能会发现,无法继续时,心里会泛起不安,甚至有种非做不可的冲动。而做完之后,那种短暂的放松感却伴随着内疚和更深的失落。就像你为了解渴,却喝下一杯咸水,只会越喝越渴。

爱好让生活更丰盈,它是生活的调味剂;而沉迷却让生活逐渐失衡,它悄悄地掏空时间、精力和情绪。真正的爱好让你感到自由,而沉迷让你感到被困住。如果某件事,你可以轻松放下,不带任何负担,它是爱好;如果放下它让你焦虑或失控,它或许已成为一种沉迷。

有时候,不妨停下来问问自己:做这件事,是因为喜欢,还是因为无法面对某种情绪?如果答案指向后者,也许你该给内心一份真正的关照,让自己找到更健康、更自由的平衡点。

**2. 拒绝他人时如何才能实现心理自洽**

拒绝他人，尤其是给过自己很多关爱的亲人、长辈时，往往会左右为难。拒绝他们的请求就像是背弃了那份长期的情感联系，甚至担心他们会因此感到失望或伤心，给自己扣上"没良心"的帽子。

要在心理上达成自洽，需要首先理解拒绝的意义。

拒绝并不意味着伤害、冷漠，也不代表你不珍视这段关系。相反，健康的边界才是长久关系的基石。通过拒绝，你反而是在保护自己、保护他人，并且帮助彼此保持理智与独立。当你能明白自己为什么做出这样的决定，并且能够真诚地接受这一点时，心理上的疙瘩便会慢慢解开。

接下来，还需要学会与自己和解。

几乎没有谁可以做到让所有人都欢喜、都满意。每个人在人生的不同阶段、因为各种原因，都可能会令他人失望，并受到负面评价。这虽然很难受，但却是人生的一部分。说声"对不起"，用其他合适的方式弥补一下，都是可以采取的办法。

理解拒绝的深层意义、宽容自己以及直面人生，相信你一定会逐渐感受到内心的平静与坚定。因为你清晰地知道自己是在做正确的事情，最终也会收获那份让你在工作和生活中都能保持健康关系和内心安宁的心理自洽。